2 0 1 9 트 렌 드 노 트

2019 트렌드노트

———— 생활 변화 관찰기 ————

김정구 · 박현영 · 신수정 · 염한결 · 이예은 · 이효정 지음

북스톤

"중세의 영주나 학자에게 로마제국이 존재하지 않는 현재에 살고 있다는 것이 어떤 기분인지 물어보았다면, 그들은 어리둥절했을 것이다. 그들의 눈에 로마제국은 여전히 살아 있었다."

– 존 허스트, 《세상에서 가장 짧은 세계사》 중에서

《2019 트렌드 노트》의 부제는 '생활 변화 관찰기'다. 생활은 변하는가? 아침, 점심, 저녁 하루 세 끼, 9시 출근, 6시 퇴근, 월요일 아침 주간회의, 7월 말 8월 초의 여름휴가, 그리고 10월 11월이면 쏟아져 나오는 트렌드 책까지, 생활은 변하지 않고 견고한 것처럼 보인다.

하지만 당장 주위를 둘러보라. 언제부터 건조기로 빨래를 말렸나? 언제부터 미세먼지를 체크하고 공기청정기를 돌렸나? 언제부터 24시간 당연한 듯 에어컨을 돌렸나? 그리고 에어프라이어. 한국 사람들이 전용기기까지 구비하여 요리할 만큼 튀김음식을 좋아했던가? 자취생의 필수템에서 시작해 모 할인점 대란으로 이어진 에어프라이어. 중세시대 사람들이 스스로의 시대를 '중세'라 명명하지 않고 로마제국이 여전히 존재한다고 믿었던 것처럼, 우리는 다른 시대에 살고 있으면서 예전과 다름이 없다고 믿고 있다, 혹은 믿고 싶어 한다.

《2019 트렌드 노트》에서는 예전과 다른 우리 시대의 새로운 변화를 짚어보고, 그 변화의 함의가 무엇인지 고찰할 것이다. 우리 생활 변화의 많은 함의를 담고 있는 에어프라이어부터 살펴보자.

소비주체의 변화

가전제품의 의사결정자는 더 이상 '엄마'로 대표되는 여성 가구주가 아니다. 가족을 겨냥한 제품이 크기와 기능을 축소해 1인가구용 제품으로 변신하는 것이 아니라, 1인가구를 위한 제품이 그대로 또는 크기를 키워서 다인가구용 제품이 된다. 에어프라이어는 1인가구에서 먼저 구입하기 시작해 밥솥보다 유용한 아이템으로 입소문을 타고 다인가구로 확산된 제품이다.

지금껏 가전의 소비주체가 가족이었다면, 이제는 1인가구의 소비 경험이 다인가구에 영향을 미치기 시작했다. 에어프라이어 구매자를 살펴보라. 남편이 알아보고 하도 졸라서, 딸이 알아보고 엄마에게 사드리는(딸이 선결제하고 엄마에게 다시 돌려받는), 소비주체 변화를 보여주는 아이템이다. 이제는 사용자도 아니고 구매자도 아닌 사람이 가장 큰 영향력을 행사한다. 군이 이름 붙이자면 정보 제공자. 돈을 내지도 않고, 주로 사용할 사람도 아니지만 이들은 정보력이 뛰어나서 소비에 가장 큰 영향력을 미치게 되었다.

식생활의 변화

집밥의 메뉴는 국과 반찬이 아니다. 가장 해먹기 편한 메뉴가 집에서 해먹는 끼니가 된다. 개수도 중요하다. 그것 하나만 있으면 끼니가 되는 것. 오징어채볶음이나 깻잎장아찌보다는 돈가스나 탕수육이 유리하다. 형태에 대한 인식도 변한다. 가루보다는 액상이, 냉동보다는 냉장이 더 건강하다는 인식이 있었으나 이제는 형태보다 조리의 간편함이 더 중요하다. 가루든, 액상이든, 냉장이든, 냉동이든 간편하고 그럴싸한 한 끼 식사가 된다면 어떤 방식이든 환영받는다.

에어프라이어의 활용도를 냉동식품이 높여주고, 에어프라이어를 위해 새로운 냉동식품이 탄생한다. 기름에 튀겨서 냉동시킨 치킨, 감자, 만두, 돈가스 등의 냉동식품을 에어프라이어에 넣고 타이머만 맞추면 훌륭한 요리가 된다. 냉동식품은 몸에 나쁜 정크푸드 이미지를 갖고 있었는데, 에어프라이어의 부상과 함께 가장 쉽고 그럴싸한 요리로 사랑받게 되었다.

브랜드 혹은 상품을 대하는 태도의 변화

브랜드의 이름값과 소비자의 기분값이 충돌한다. 상품을 만든 제조사에 대한 신뢰와 상품을 선택한 유통사에 대한 신뢰가 충돌한다. 같은 종류의 상품이라도 대를 물려 애지중지할 상품이 있고 적당히 쓰다 버릴 상품이 있다. 브랜드는 노선을 명확히 해야 한다. 브랜드의 이름값을 받을지, 유통사에 대한 신뢰에 기댈지…. 순위

권에 들 수 없다면 브랜드를 포기하는 것도 전략이다.

에어프라이어는 유명 가전 브랜드에서 2011년 최초로 개발하고 출시한 제품이다. 최초 출시 회사가 상표명을 독점적으로 사용할 권리를 인정받지 못해 에어프라이어는 일반명사화되었다. 최초 제품이 몇 십만 원대인 것에 비해 지금은 몇 만 원대의 제품도 구매 가능하다. 실제로 모 할인점에서 품절대란을 일으킨 제품은 최초 브랜드 제품이 아니다. 소비자가 구매한 것은 브랜드가 아니라 기기(器機)이고, 기기의 기능이고, 기기의 기능이 가져다준 효능이다. 몇 십만 원대의 제품을 사서 애지중지하기보다는 기름이 떨어지고 눌어붙어서 못 쓰게 되면 버리고 다시 사겠다는 심산이다.

전문성의 변화

전문가 수난시대라고 한다. 맞는 말이기도 하고 틀린 말이기도 하다. 그들만의 리그를 펼치던 기존 전문가 집단의 입장에서 보면 분명 수난시대다. 반면 쉽게 전문성을 획득하여 전문가 집단에 들어갈 수 있게 된 또 다른 그들에게는 전문가 전성시대다. '쉽게 획득되는 전문성'은 '내가 전문가에 비해 부족함이 없다'고 느끼는 사람들이 요구하는 조건이다.

튀김기는 전문가가 구비할 만한 제품이다. 전문 요리사가 전문 식당에서 튀김을 계속 만들어내야 할 때 사용할 법한 전문 제품이다. 가정에서라면 요리에 관심이 많고 요리를 많이 하는 고관여자가 사용할 가능성이 높다. 하지만 이제 전문 제품은 전문가가 사용하는 제품이 아니라, 가장 전문성 없는 사람이 버튼 하나로 작동시켜서 전문가와 같은 결과를 얻을 수 있는 제품을 가리키게 되었다. 소비자가 스스로를 단순 사용자가 아니라 전문가 제품을 사용하기에 충분한 사람으로 인식하기 때문이다.

에어프라이어의 함의는 한마디로 표현하면 '엄마의 아웃소싱'이다. 엄마라는 전문가를 대신해주는 훌륭한 제품과 서비스가 만들어지고, 소비자가 이를 활용할 마음과 자세를 갖추었다는 뜻이다. 《2018 트렌드 노트》에서 말한 엄마의 아웃소싱은 2019년에도 여전히 유효하다.

엄마의 변화와 더불어 《2019 트렌드 노트》에서는 밀레니얼 세대의 등장에 주목한다. 사회초년생으로, 유권자로, 소비주체로 부상한 밀레니얼 세대의 가치관과 그에 따른 변화를 추적하고자 한다. 앞서가는 사람들의 이야기도 아니요, 핫한 트렌드의 변화만도 아니다. 어제가 오늘 같고, 내일이 오늘 같을 것 같은 사람들의 생활도 어느새 변한다. 도대체 언제부터 아저씨들이 점심식사 후에 아메리카노를 한잔씩 했단 말인가?

Contents

PART 1. 세태의 변화

Chapter 1. 밀레니얼 세대의 등장 _박현영

기존의 가치관으로 도저히 이해할 수 없는 새로운 이들이 세상에 등장했다. 바로 '밀레니얼 세대'다. 밀레니얼 세대의 특성에 따라 지금까지와는 다른 업무방식이 필요하며, 이러한 업무를 수행하기 위해 이제까지 없던 새로운 직능이 요구된다.

Chapter 2. 퇴근시간의 변화 _김정구

2004년에 시행된 주5일 근무제가 우리의 주말을 바꿔놓았다면, 2018년에 시행된 주52시간 근무제는 우리의 주중 일상을 바꿔놓기 시작했다. 퇴근 후 2교시의 삶에 어떤 변화가 일어나고 있을까? 특히, 뒤늦게 '저녁이 있는 삶'을 맞닥뜨린 부장님들의 향방은?

Chapter 3. 매체의 변화 : 유튜브로 랜선 라이프_이예은

유튜브에는 방탄소년단의 칼군무나 대도서관의 라이브 겜방만 있는 것이 아니다. 아이가 보채면 부모들은 '핑크퐁' 채널을 보여주고, 노년의 보수정당 지지자는 '정규재TV'를 본다. 유튜버가 되기 위해 유튜브 동영상 만들기 영상을 찾아보는 직장인도 많다. 모든 세대가 들락거리는 공간, 이곳에서 어떤 일이 벌어지고 있을까? 어떤 기회가 있을까?

PART 2. 집의 변화

Chapter 4. 먹고 사는 것의 변화_이효정

'집에서 해 먹는 정갈한 한식, 밖에서 사 먹는 근사한 양식'의 공식은 이미 깨졌다. 예쁘게 차려낼 수 있다는 점에서는 서양식 플레이트가 집밥 메뉴로 오히려 더 유리할 수도 있다. 비록 원룸의 좁은 테이블에 놓일지라도, '간편한데 근사하기까지 한' 식사를 포기할 수는 없다. 이미 이 흐름을 타고 주목받는 기업이 생겨나고 있다.

Chapter 5. **주거공간의 변화** _염한결

내가 가장 좋아하는 것을 편하게 즐기고 싶을 때 집만큼 좋은 곳은 없다. 집이 좋아하는 활동을 즐기기에 최적화되지 않았다면 구조나 인테리어를 바꿀 수도 있다. '내 집'이 아니라도 개의치 않는다. 집에서조차 취향대로 살 수 없다면 어디서 내 삶을 누린단 말인가. 2년 뒤 이사를 가더라도 그동안 취미를 만끽할 수 있도록 집 인테리어를 강행한다.

Chapter 6. **가족 구성원의 변화** _염한결

1인가구 시장의 소비자는 1인가구만이 아니다. 여기에는 다인가구도 포함된다. 그러므로 주목할 것은 '1인가구'라기보다는 '1인용 삶'이다. 1인용 삶은 우리에게 어떻게 다가오고 있을까?

PART 3. **소비의 변화**

Chapter 7. **노는 방식의 변화** _신수정

비록 금전적 부자는 못 되어도 취미만큼은 남부럽지 않게 가져보고 살겠다는 '취미 부자'가 넘쳐나는 대한민국. 오늘날 여가생활에서 가장 중요한 것은 돈이나 물건이 아니라 시간이다. 더 길게, 더 오래 휴식할 수 있는 것이야말로 개인의 능력이며, 휴식에 동반하는 물건 또한 소비하는 데 긴 시간이 소요되는 것들이 뜨기 시작했다.

Chapter 8. 브랜드의 변화_박현영

이 시대의 특징을 나타내는 두 가지 키워드는 '나'와 '효율'이다. 그 어느 때보다 스스로 나를 잘 안다고 생각하는 시대이고, 목표에 도달하기 위해 가장 효율적인 방법을 추구하는 시대다. 소비자는 자신에게 맞는 브랜드를 빠르게 선택해 나간다. 조금이라도 나와 안 맞거나 무슨 이야기를 하는지 모호한 브랜드는 뒤도 돌아보지 않고 스킵한다.

Chapter 9. 로망을 실현하는 방법의 변화 : 다이슨과 차이슨_김정구

한 소비자 안에서 전혀 다른 소비방식이 동시에 일어난다. 의무를 위한 소비와 로망을 위한 소비가 철저히 분리된다. 의무적 소비는 최대한 단가를 낮추는 방식으로 이루어지지만, 가끔 지르는 로망이나 특별한 이벤트에는 아낌없이 자원을 쏟아붓는다.

식비는 줄여도 문화생활비는 줄일 수 없다

이 책의 저자들은 기업의 고민을 의뢰받아 빅데이터를 연구하고 보고서로 답하는 일을 하고 있다. 기업의 고민은 소비자의 변화에서 비롯된다. 소비자가 예전만큼 내 브랜드를 사랑하지 않거나, 저 브랜드에 더 큰 관심을 보이거나, 예상치 못한 행동을 할 때 기업은 소비자를 연구한다. 2018년에는 특히 밀레니얼 세대에 대한 고민과 문의가 많았다. 그 세대가 아니면서 밀레니얼 세대를 이해하는 것은 가능할까? 아마도 진심으로 이해하기는 어려울 것이다. 이해되지 않을 때에는 무조건 외우는 것도 좋은 방법이다. '밀레니얼 세대는 효율을 중시한다', '적성보다 연봉이다', '식비는 줄여도 문화생활비는 줄일 수 없다.' 아무리 외워도 도저히 이해할 수 없다면, 오른쪽에 정리한 이 책의 구성표를 보고 필요한 부분을 찾아보기 바란다.

1부 '세태의 변화'에서는 밀레니얼 세대의 특징을 살펴본다. 밀레니얼 세대의 등장으로 일터가 변화했다. 주52시간 근무제, '워라밸'을 책임지겠다는 노동부의 포스터는 장년층의 목소리를 반영한 정책이나 구호가 아니라 사회초년생들의 가치관과 요구에 따른 것

〈표로 정리한 이 책의 구성〉

	책의 구성	핵심 키워드	관련 산업/부서	
세태의 변화	밀레니얼 세대의 등장	밀레니얼 세대의 등장	HR(신입사원)	
	퇴근시간의 변화	퇴근, 주52시간, 2교시	HR(부장급 이상)	
	매체의 변화 : 유튜브로 랜선 라이프	유튜브, 라이브, 광고	광고 기획/ 매체 집행부	
집의 변화	먹고 사는 것의 변화	먹다, 마켓컬리	식품	마케터
	주거공간의 변화	집, 테이블	건설, 인테리어	
	가족 구성원의 변화	싱글처럼 살고 싶은 기혼	생활용품	
소비의 변화	노는 방식의 변화	셀카, 티, 요트	유통, 여행	
	브랜드의 변화	브랜드 없음, 브랜드 철학	화장품, 유통	
	로망을 실현하는 방법의 변화	다이슨과 차이슨	가전	

▶한 장의 사진과 한 문장이 채 안 되는 썸네일로 자신이 하고 싶은 바를 이야기해야 하는 이 시대에 300쪽 분량의 책은 시대착오적 발상인지도 모른다. 필요한 부분만 효율적으로 골라 볼 수 있도록 이 책의 구성을 표로 정리했다.

이다. 자존감이 높고, 효율을 추구하며, '적성보다 연봉'이라고 당당히 말하는 밀레니얼 세대의 목소리를 들어본다.

야근은 부당하다고 외치는 신입사원이 있는가 하면 야근이 불법이어서 회사에 남고 싶어도 남을 수 없는 부장님이 있다. 그들은 퇴근 후 어디에 가게 될까? 집으로, PC방으로, 동호회로, 맛집으로, 아니면 두 번째 직장으로? 일터의 변화는 우리 사회에 어떤 파장을 만들어낼까? 사회학적 연구보다는 비즈니스 기회를 찾는 관점에서, 그 비즈니스를 같이할 동료를 이해하기 위해 일터의 변화를 탐구해본다.

일터의 변화와 더불어 1부에서 중요하게 다루는 것이 매체의 변화다. 유튜브 라이브로 대표되는 실시간 소통매체는 경험해보지 않은 사람이라면 상상하기 어려운 매체 소비방식이다. 새로운 세대의 새로운 매체 소비방식은 이전 세대에게 전파되지 않을 수도 있다. 하지만 기존의 매체 집행방식은 변화하지 않을 수 없을 것이다.

2부, '집의 변화'의 핵심은 '엄마의 변화'다. 2018년 우리네 집에는 전통적 의미의 엄마가 없다. 김치를 담그고, 집들이 요리를 해내고, 아침마다 밥을 차리는 엄마를 머리로는 알고 있지만 그런 엄마는 실제로 존재하지 않는다. 앞으로도 존재하지 않을 것이다.

엄마처럼 할 수는 없는데 엄마의 역할은 안다. 그 현실과 인식의 간극을 새로운 상품과 서비스가 메우고 있다. 소비자는 전통적인 엄마가 아니지만 묘수를 써서 잘 먹고 잘 살고 있음을 보여주고자 한다. 내가 행복하게 잘 살고 있음을 증명하는 방법으로 그럴듯한 요리와 플레이팅이 활용된다.

나는 전통적인 엄마가 아니다. 따라서 나는 엄마와 다른 레시피로 엄마와 다른 요리를 해야 한다. 나는 묘수를 쓴다. 따라서 나는 누구나 아는 쇼핑 장소를 택하지 않고 나에게만 오는 비밀 쿠폰을 사용하며, 큰 힘 안 들이고 그럴듯한 결과를 연출한다. 말이 필요 없는 사진 한 컷으로 나의 행복이 증명되어야 한다. 바삭하게 구운 사워도우 빵 한 조각에 아보카도 퓨레를 넉넉히 바르고 그 위에 수란을 올린 완벽한 브런치 메뉴[1]를 플레이팅할 수 있는 테이블, 그런 테이블이 어울리는 집을 원한다.

비단 혼자 사는 사람만의 이야기가 아니다. 오히려 싱글같이 살고 싶은 기혼이 우리의 타깃이다.

3부 '소비의 변화'에서는 양극단을 달리는 소비자의 이중성을 보게 될 것이다. 프리미엄을 외치면서 100원짜리 프로모션에 웃고 우는 소비자, 한편의 저렴이와 다른 한편의 고렴이, 다이소의 가성비와 벤츠의 가성비, 다이슨과 차이슨. 전혀 다른 두 소비자 집단이 있는 것이 아니라 한 소비자 안에서 전혀 다른 소비방식이 동시에 일어난다. 왜일까? 의무를 위한 소비와 로망을 위한 소비가 철저히 분리되어 있기 때문이다. 의무적 소비는 최대한 저렴하게, 한 푼도

---

1) '마켓컬리'의 아보카도 퓨레 상품설명 중 일부.

더 쓰지 않는 방식으로 이루어진다. 반면 로망을 위한 소비는 내 심장을 뛰게 한다면 가격이 얼마가 되어도 상관없다. 고급 자동차의 가성비는 친구들의 부러워하는 시선에서 충족되고, 내 눈을 즐겁게 해주는 예쁜 것은 설사 쓰레기여도 구입한다. "식비는 줄여도 문화생활비는 줄일 수 없다", 이 말을 이해하지 못한다면 9장 '로망을 실현하는 방법의 변화'부터 읽을 것을 권한다.

생활은 변한다. 내가 이해하지 못한다 하더라도, 내가 지금의 생활을 바꾸지 않는다 하더라도, 사람들은 변화한다. 생활 변화 기록은 그 자체로 재미있고 흥미로운 이야기다. 이 책이 당신과 당신 비즈니스에 도움이 되기를 바라지만, 무엇보다 '이야기' 자체로 즐겁게 소비되기를 바란다. 무거운 회의실보다는 가벼운 티타임의 이야깃거리이기를 바란다. 이 책이 설파하는 것은 결국 이 시대의 가치가 무거움보다 가벼움, 토론보다 수다에 있다는 것이므로.

Part 1

세 × ×

× 태 의 × 화

× 변

Chapter 1.

밀레니얼 세대의 등장

박현영

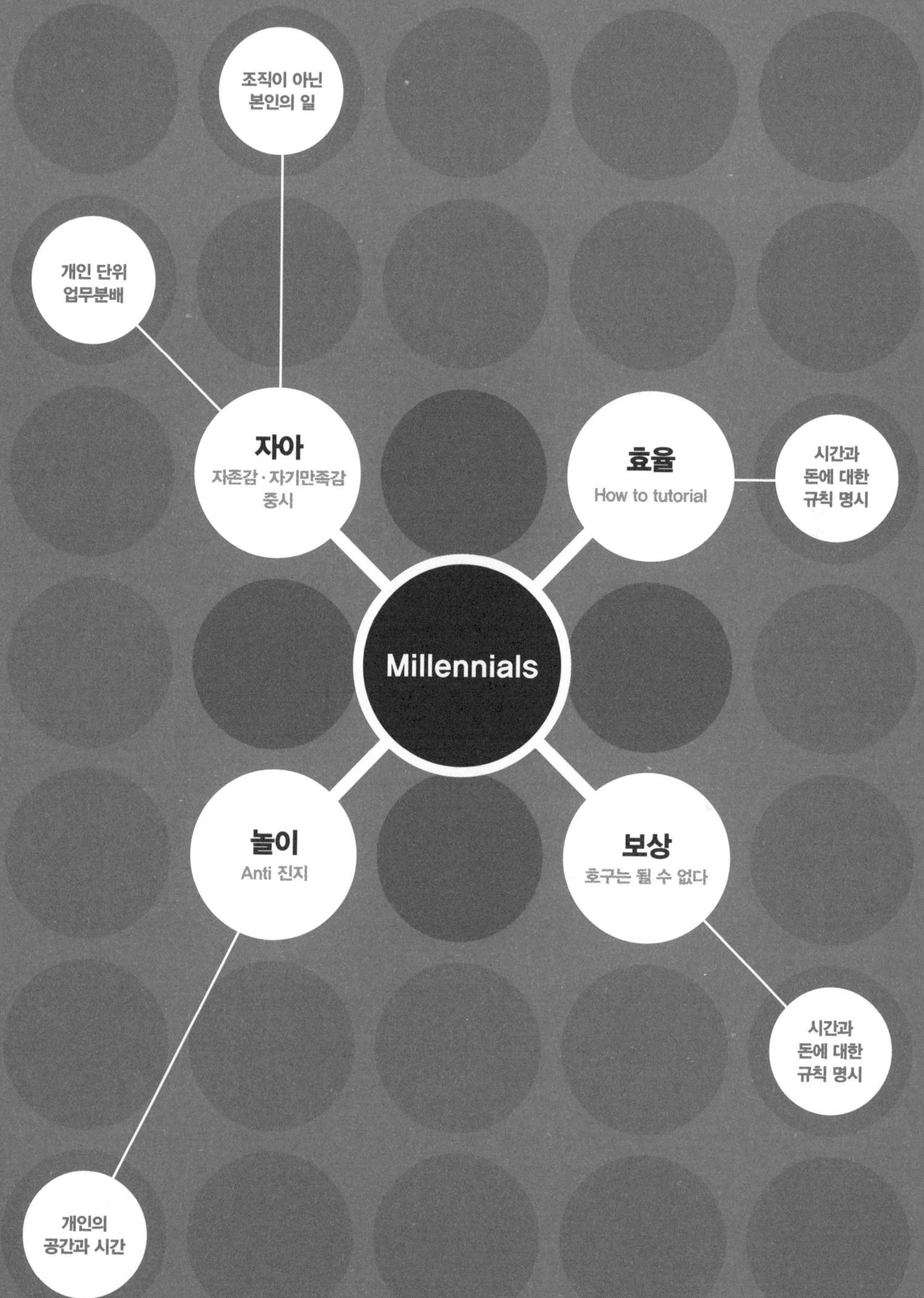
조직이 아닌
본인의 일
개인 단위
업무분배
자아
자존감·자기만족감
중시
효율
How to tutorial
시간과
돈에 대한
규칙 명시
Millennials
놀이
Anti 진지
보상
호구는 될 수 없다
시간과
돈에 대한
규칙 명시
개인의
공간과 시간

밀레니얼 세대에 주목하는 이유

기존의 가치관으로 도저히 이해할 수 없는 새로운 이들이 세상에 등장했다. 바로 '밀레니얼 세대'다. 넓게는 1980~2000년생으로 규정(Time, 2013)하는데, 이 기준으로 보면 밀레니얼 세대는 전체 인구의 29.1%를 차지한다. 그중 사회초년생이라 할 수 있는 '2534세대'는 전체 대한민국 인구 중 약 13%다(도표 참조).

이들을 연구하는 까닭은 이해하기 어렵기 때문만은 아니다. 더 중요한 이유는 새로운 세대가 기존 세대의 가치관에 순응하기를 거부하기 때문이다. 게다가 이 새로운 세대가 소비주체로 부상하고, 유권자로서 작지 않은 비중을 차지하고, 기업의 인사부를 곤혹스럽게 만들고 있기에, 다시 말해 이들의 영향력이 무시할 수 없는 수준에 이르렀기에 이들을 이해하고자 하는 것이다.

옥스퍼드 사전은 2017년 올해의 단어로 'youthquake'를 선정했다. 청년들의 행동이나 영향에서 비롯된 중요한 문화·정치·사회적 변화를 일컫는 말인데("A significant cultural, political, or social

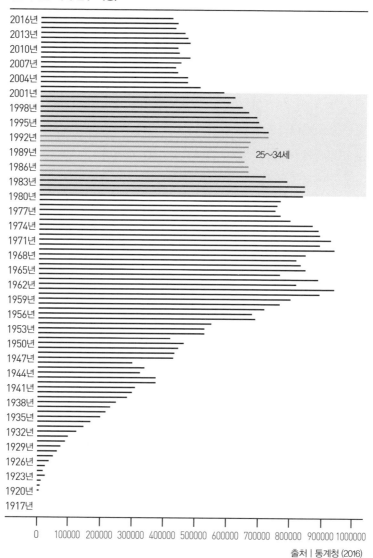

〈밀레니얼 세대 인구 비중〉

25~34세

2016년
2013년
2010년
2007년
2004년
2001년
1998년
1995년
1992년
1989년
1986년
1983년
1980년
1977년
1974년
1971년
1968년
1965년
1962년
1959년
1956년
1953년
1950년
1947년
1944년
1941년
1938년
1935년
1932년
1929년
1926년
1923년
1920년
1917년

0 100000 200000 300000 400000 500000 600000 700000 800000 900000 1000000

출처 | 통계청 (2016)

세태의 변화

change arising from the actions or influence of young people"), 젊은 층의 행동과 사고방식이 사회 전체적으로 큰 영향력을 행사한다는 의미다.

한국사회도 마찬가지다. 2018년 7월부터 시행된 주52시간 근무제나 몇 년째 우리 사회의 주요 화두로 떠오르고 있는 '워라밸'은 장년층이 아니라 사회초년생들의 가치관에 부합한다. 이에 맞게 정부의 정책과 캠페인 기조가 변화하고 있는 것이다.

하여 밀레니얼 세대는 하나의 세대가 아니라 대한민국 라이프스타일 변화를 주도할 주체가 되고 있다. 이들의 행동과 사고방식이 전 사회에 영향을 미칠 것으로 미루어 짐작 가능하고, 이미 영향을 미치고 있다. 2013년 싱글, 2015년 시니어 연구에 이어, 2018년에는 밀레니얼 세대 연구 프로젝트 의뢰가 많았다. 새로운 소비자로 등장하는 밀레니얼 세대를 이해하기 위함이다.

그런데 밀레니얼 세대 연구 프로젝트 결과 발표회에는 프로젝트를 의뢰한 마케팅 부서뿐 아니라 인사 부서에서도 높은 관심을 보였다. 소비자이기 이전에 회사의 신입사원인 그들을 이해할 필요성 때문이다.

그리하여 밀레니얼 세대의 특징을 살펴보는 이번 장은 인사 부서에서 관심 가질 이야기를 담았다. 밀레니얼 세대의 특징을 4가지로 정리하고, 이들의 특성이 일터의 변화에 미치는 영향, 혹은 일터가 변화해야 할 방향성을 제시한다.

〈표로 정리한 밀레니얼 세대의 특성과 필요한 업무방식〉

	밀레니얼 세대 특성	필요한 업무방식	새로운 직능 제안
자아	자존감 중시, 자기 만족감 중요	- 조직의 일이 아니라 본인의 일이라 여길 수 있어야 함 - 본인의 업무범위가 명확해야 함	업무를 팀 단위가 아니라 개인 단위로 분배해주는 직능
효율	인터넷 강의로 학습, '시행착오(Trial and error)' 방식이 아니라 '사용지침(How to tutorial)' 선호, 생활에서 생존까지 모든 영역의 꿀팁 확인	- 업무 수행 시 단계별 가이드, 단계별 피드백 필요 - 회사 내 규칙은 명확하고 상세해야 함	업무단계별 가이드 작성직능 (업무단계별 충족 요건과 미충족 요건 포함)
보상	IMF세대, 나의 이익은 스스로 챙겨야 한다는 인식 강함, 무료로 나눌 수도 있지만 호구는 될 수 없음	- 시간(근무시간, 휴가)과 돈(연봉, 인센티브)에 대한 규칙 명시화	보상 및 패널티 규칙 가이드 작성 및 전달 직능
놀이	안티 진지, 웃긴 것, 예쁜 것, 귀여운 것 선호, 재미 요소에 기꺼이 지불할 의향 있음	- 직장 동료와 회식하는 것을 놀이로 인식하지 말 것 - 회사 내 자기만의 놀이터 허용(자기 공간-내 책상, 자기만의 시간-혼자 점심)	회사 내 개인공간과 시간 허용범위 가이드 작성 근무시간을 스스로 정하는 유연근무제 시행 시 주의 요함 (업무보다 개인 편의를 중시할 가능성 있음)

▶밀레니얼 세대의 특성에 따라 지금까지와는 다른 업무방식이 필요하며, 이러한 업무를 수행하기 위해 이제까지 없던 새로운 직능이 요구된다. 새로운 직능은 밀레니얼 세대를 위한 것이지만 밀레니얼 세대가 맡을 필요는 없다.

자존감을 높여라

밀레니얼 세대의 주요 키워드 중 하나는 '자존감'이다. 2017년 베스트셀러이자 지금도 여전히 인기도서 코너를 차지하고 있는 《자존감 수업》을 필두로 자존감을 지키는 법, 자존감을 길러주는 육아법 등 자존감을 배워서라도 높여야 한다는 강박이 존재하는 것을 보면 자존감이 사전적 정의(타인의 외적 인정과 칭찬에 의해서가 아니라 자기 내부의 사고와 가치에 의해 얻어지는 자기존중감)와는 다른 의미로 이해되고 있는 듯하다.

주요 키워드답게 '자존감'은 추상적 개념으로 묻혀 있지 않고 우리의 일상 언어에서 자주 발화된다.

"자존감이 바닥을 치고 있어요. 지극히 평범하게 생겼다고 생각하면서 살아왔는데 생판 모르는 사람들한테서 외모지적을 받으니까 자존감이 요동을 쳐요."
"낮아진 자존감 회복을 위해 제가 좋아하는 것들을 찾아서 해요. 맛있는 식사를 하거나, 야구를 보러 가거나, 여행을 가요."

자존감 저하의 원인은 외부에 있다. 자존감은 스스로 지키는 것이기보다 타인의 존중을 받아야 하는 것인데 외부의 현실이 자존감을 떨어뜨린다. 자존감은 높아야 하는데 나의 자존감은 기본적으로 낮고, 그렇지 않아도 낮은 자존감을 외부에서 자꾸 떨어뜨려서

속상하다는 맥락이다. 자존감을 낮추는 외부 요인을 부르는 말이 '자존감 도둑'이다.

자존감 도둑은 주로 가족과 회사다. 사람으로 칭하면 '엄마', '남편', '아내', '직장 상사'다. 가까운 사람이 쉽게 함부로 하는 말에 상처받는다. 그 마음을 표현하는 것이 '자존감 저하'다. 사전적 의미에서도 그렇지만 사용적 맥락에서 자존감은 자신감과 다르다. 자신감은 다이어트에 성공했을 때, 토익 점수가 높을 때 얻게 되는 감정인 반면, 자존감은 상사의 눈치를 보다가 비루한 현실 앞에서 입게 되는 상처에 가까운 것으로, 상승하기보다는 주로 저하된다. 자신감은 도전의 결과로 얻어지는 것이고, 자존감은 현실에서 눈치 보다가 상처받는 것이다.

- 자신감 : 도전의 결과(성공)로서 갖게 되는 자기확신. 다이어트, 토익, 결과와 연관
- 자존감 : 일의 결과와 무관하게 스스로를 존중하는 마음. 현실, 상처, 눈치와 연관

자존감이 수업으로 높여질 성질의 것인지, 남의 말에 쉽게 낮아질 수 있는 것인지를 따지기 전에 밀레니얼 세대가 '자·기·존·중·감·각'을 중요하게 생각한다는 데 주목해야 한다. '자기'를 스스로 중하게 여겨야 한다고 교육받은 본인 세대를 가리켜 자아실현의 저주에 걸린 것 같다고 말하는 이도 있다. 현실적으로 자아실현은

멀기만 한데, 자아실현이 꼭 필요한 것인 양 교육받아서 현실을 수용하기가 어렵다는 것이다.

밀레니얼 세대와 함께 일하는 사람이라면 두 가지를 염두에 두어야 한다. 밀레니얼 세대에게 자아실현은 중요하지만, 회사는 자아실현의 장이 아니다. '자기'와 '우리'는 같이 갈 수 없다. 같이 갈 수 없을 때 우선시되는 것은 '자기'다.

따라서 이들에게는 조직의 일이 아니라 본인의 일이라 여길 수 있도록 업무 배분이 이루어져야 한다. 본인의 업무범위가 명확하고 이것만은 내 일이라고 손에 쥘 수 있을 때 자기 일처럼 움직일 수 있다. 개인 단위로 업무가 분배돼 있지 않다면 이제부터라도 일의 덩어리를 개인 단위로 더 작게 분배해야 한다. 이 역할을 하는 별도의 직능이 필요하다.

조직을 위한 개인의 기여는 반드시 필요한 부분임에도, 밀레니얼 세대가 조직을 위한 일이라 하면 개인의 희생이 따라야 하는 것처럼 여겨 알레르기 반응부터 보인다고 한탄하는 이들도 있다. 그런데 밀레니얼 세대의 조직에 대한 거부감이 왜 이토록 심한지 생각해보았는가? 이는 개인을 돌보지 않고 조직을 위해 무조건 희생한 부모 세대에 대한 안티테제일 수도 있다. 조직을 거부하고 개인을 중시하는 사고방식은 부모 세대 스스로가 직간접적으로 가르친 유산인지도 모른다.

자기희생은 거부하지만 무임승차 역시 밀레니얼 세대가 원하는

자아실현은 중요하지만
회사는 자아실현의 장(場)이 아니다.

바는 아니다. 따라서 회사는 개인의 업무가 조직에 어떻게 기여했는지를 적극적으로 알려야 한다. 자기존중감이 높은 사람에게는 동기부여가 중요하다. 내가 하고 있는 일이 무엇인지, 무엇에 기여하는지 인지하고 있을 때 능력이 발휘된다.

하라면 하고, 하다 보면 '이런 일을 하는구나' 하고 어렴풋이 느끼던 업무방식에 비하면 업무의 앞과 뒤에 더 많은 말과 손이 가야 한다. 업무태도의 옳고 그름을 헤아리는 것은 이 책의 목표가 아니다. 이 책에서 말하고자 하는 바는, 자기존중감을 중시하는 새로운 세대와 일하기 위해서는 개인으로의 업무 분배, 개인의 조직기여도 측정, 개인의 성과와 기여도에 대한 알림이 필요하다는 것이다.

회사는 개인의 자존감 도둑이 될 필요도 없고, 자아실현의 장이 될 필요는 더욱 없다. 회사는 회사가 필요로 하는 개인의 능력을 발휘할 수 있는 터전이면 된다.

인강 세대의 효율

사실 '세대'라는 단어는 위험하다. 특정 시기에 출생한 이들을 묶어서 지칭하는 편리함이 있지만, 다양한 사회 문제를 '세대'라는 프레임으로 가두어 진정한 문제를 보지 못하게 할 위험이 있다. 세대갈등을 조장한다는 비판 또한 합리적인 우려다. 그럼에도 공통의 체험을 공유한 특정 연령대의 사람들을 지칭하는 용어로 '세대'라는 단어를 사용한다면, 세대가 공유한 공통의 체험 중에서 대한민국에서 빼놓을 수 없는 것 중 하나가 '시험공부'다. 정확히 말하면 대학 입시를 보기 위해 어떻게 공부했느냐 하는 공부방법이다.

공부법에 관한 한 밀레니얼 세대는 '인강 세대'다. 인강, 인터넷 강의를 들으며 공부한다는 것은 어떤 의미일까? 인터넷 강의는 내가 원하는 시간에, 내가 원하는 부분만, 2배 혹은 1.5배 속도로 들을 수 있다. 조금이라도 내가 아는 부분이 나오면 빠르게 돌려서 넘어간다. 내가 필요한 부분이 있으면 앞뒤 자르고 그 부분만 듣는다. 어떻게 문제를 풀지에 대한 방법은 최대한 자세하게 단계별로 짚어 설명되고, 때로는 필요한 것만 요약 제시된다.

인터넷 강의를 듣다 보면 목표에 도달하는 가장 효율적인 방법이 무엇인지 배우게 된다. 시행착오(trial and error)를 하며 돌아가지 않고, 이것을 배우다가 저것을 같이 알게 되는 경우도 드물다. 권위적인 교사가 '한번 해봐!'라고 말하는 대신, 친절한 강사가 '자, 이것은 이렇게 하는 거고, 다음 단계는 이렇게 하는 거고, 혹시나 이런 실수가 있을 수 있는데 조심해야 하고, 중요하니까 다시 반복하면 이런 것이다'라고 문제풀이 팁을 제공한다. 공부방법만이 아니다. 생활에서 생존까지 다양한 사용지침(how to tutorial)이 영상으로 존재한다. 유튜브 동영상을 보라. 한 축은 깔깔 B급 유머, 다른 한 축은 'how to tutorial'이라 해도 과언은 아니다.

그 결과, 밀레니얼 세대는 영상을 통해 학습하는 능력이 뛰어나고 응용력은 떨어진다. 레토르트 식품 포장에 붙어 있는 레시피조차 새로운 세대에 맞추어서인지 더 자세하게 하나하나 단계를 짚어주는 방식으로 변화한다. 두루뭉술한 '적당히'라는 단어는 사라진다. '물이 끓으면' 대신 'ㅇㅇ분 끓인 뒤', '소금 한 숟갈' 대신에 '소금 ㅇㅇ그램'으로 정확히 표기한다.

목표에 이르는 효율적인 방법이란 밀레니얼 세대에 매우 익숙하고 중요한 가치다. 스마트폰으로 가장 빠른 길을 검색하고 내비게이션의 안내에 따라 목적지에 도달하는 행태와 같다. 반대 개념으로는 목표에 도달하기 위한 치열함이 있다. 이때 중요한 것은 목표에 도달해야 한다는 '당위'이지 도달하는 '방법'이 아니다. 방법을 모르는 나와 도달해야 하는 목표 사이의 가교 역할을 하는 것이 치열함이다. 치열함으로 무장하고 목표를 향해 돌진해 부딪쳐가며 실행한다. 치열함이 언제나 선(善)은 아니다. 목표에 도달할 효율적인 방법을 알고 있다면 굳이 부딪치지 않고 차분히 걸어갈 수 있다. 하지만 효율을 추구하는 영리함이 목표에 도달하는 융통성을 가로막는 것은 아닌지 의문이 든다.

효율을 추구하는 또 다른 이유는 알고 있는 것과 가진 것의 간극에서도 기인한다. 보고 들은 것이 많아 아는 것은 많은데 자원은 한정돼 있으니 미리 알아보고 위험을 최소화하는 방향을 택한다. 검색해도 답이 나오지 않던 시절과 달리 이제는 검색해보면 답이 나오는데 굳이 검색하지 않을 이유도 없지 않은가? 하여 공부, 취업 준비, 운동, 쇼핑, 요리까지 방법을 구하고, 추천받고, 후기를 보면서 고수들의 경험에서 오는 꿀팁을 얻는다.

연애에서도 효율은 중요하다. 소개팅 어플은 사용자의 외모, 학벌, 연애 스타일(연락을 자주 하길 원하는지, 깊은 관계에 이르는 속도가 어느 정도이길 원하는지 등)을 미리 파악하여 원하는 상대를 쉽게 만나도록 도와준다. 만나서 보고, 물어서 확인하고, 사귀면서 파악할 필요가 없다. 미리 다 파악한 상태에서 진행하기만 하면 된다.

회사는 어떤가? 회사에는 '명확한 가이드도 없이 어떻게 일하라는 거죠?'라고 생각하는 팀원과 '그 정도는 알아서 해야지'라고 말하는 팀장이 있다. 팀장이 원하는 스타일은 팀장 스스로도 모르고 있는 것 같다. 팀장의 업무 지시는 언제나 대뜸 이루어진다. 역시나 팀장도 언제 업무를 지시할지 모르는 것 같다.

군더더기를 제거하고 목표에 이르는 가장 빠른 길을 선택하여 직진하는 효율을 원하는 세대, 쓸데없는 일에 시간과 에너지를 낭비하고 싶지 않은 밀레니얼 세대에게 회사의 업무방식은 그야말로 비효율이다. 이제 기업에서도 단계별로 업무를 지시하고, 단계별로 피드백을 주고, 단계별로 칭찬해야 한다. 이미 많은 기업이 그렇게 하도록 독려하고 있다.

그렇다면 목표를 설정하는 일, 목표로 가는 길을 단계별로 나누는 일, 단계에 이르는 가이드를 짜는 일은 누구의 몫이 되어야 할까? 반드시 누가 해야 한다는 법은 없다. 중요한 것은 이 일이 누군가의 직능이 되어야 한다는 것이다. 인풋 대비 아웃풋이 높은 것을 효율이 높다고 말한다. 지금까지는 몇 사람이 투입되는가만 인풋으로 세고 한 사람의 시간과 노력이 얼마나 들어가는지는 간과했다. 그 사람의 인건비는 어차피 동일하기 때문이다. 이제는 한 사람이 그 일을 효율적으로 수행할 수 있도록 사전 준비와 조율이 필요하다.

IMF 키즈, 챙길 것은 챙긴다

현재 사회초년생에 해당되는 밀레니얼 세대는 1990년대 이후 출생자들이다. 1990년생은 2018년 한국 나이 기준으로 스물아홉 살로, 초등학교 1학년 때 IMF 외환위기를 겪었다. 초등학교 1학년이 외환위기를 인지하지는 못했겠지만, 교사와 공무원이 좋은 직업이라는 말은 많이 듣고 자랐다. 사회의 전반적 안정성이 떨어지면서 안정적인 것이 최고라는 인식이 팽배해지고, 모든 것이 불안정하므로 나의 이익을 스스로 챙겨야 한다는 인식이 자연스레 자리 잡았다. 알바천국 광고에서 보여주는 '사장님에게 당하지 말고 챙길 수 있는 것은 스스로 챙겨야 한다'는 인식. 나라를 살리자, 회사를 살리자는 구호 속에 후순위로 밀려 있었던 개인의 권익을 어느 때보다 강하게 주장하는 세대. 신자유주의 사회에서 성장한 세대.

'IMF 세대'라고도 불리는 그들의 특징을 두 단어로 설명한다면, 하나는 '원한다', 다른 하나는 '말한다'이다.

원한다, 무엇을 원하나? 돈을 원한다. 사회초년생의 일자리 인식

29(나이), 3(연차), 3500(연봉), 220(세후 월급),
숫자로 말해요.

을 분석한 결과 적성보다 시간, 시간보다 돈을 더 많이 원했다. 직장에 대한 기대는 연봉으로 대표되는 돈이 가장 크다. 개인의 취향이 중요한 세대이지만 직장에서 나의 적성을 찾을 거라는 기대는 없다. 시간 또한 마찬가지. 나의 시간은 중요하지만 직장별 연봉의 차이만큼 시간(적 여유)의 차이는 명확하지 않다. 그래서 막연한 워라밸보다는 '칼퇴', '연차', '월차'와 같이 자신에게 주어진 시간적 권리를 명확히 사용할 수 있느냐 없느냐가 중요하다. 이런 요건이 충족되지 않았을 때, 즉 연봉이 적고 휴가를 자유롭게 쓸 수 없을 때, 휴가를 자유롭게 쓸 수 있지만 연봉이 적을 때, 다른 조건 다 빼고 일단 연봉이 적을 때 퇴사를 고민한다.

사회초년생들의 퇴사가 늘어 회사도 고민이다. 기업이 가장 두려워하는 직원은 회사가 그만두길 원하지 않는 때 그만두는 사람이다. 미디어에서 많이 보이는 것처럼 젊은 사람들의 퇴사가 많고, 퇴사보다 더 많은 것이 '퇴사 고민'이다. 퇴사 고민은 1년차부터 시작해서 3년차에 최고조에 달한다. 3년 경력을 쌓아 동종업계 경력직이나 중고신입으로 들어가려는 계산에서다(37쪽 도표 참조). 중고신입은 신입은 아니지만 경력인정을 포기하고 신입의 조건으로 들어가는 것이다.

퇴사 고민자의 글은 이러하다.

"안녕하세요. 이직을 생각 중인 29살 직장인입니다. 27살에 취업하여 지금 3년차입니다.

현재 중소기업에 다니고 있습니다. 급여는 작년 기준 3500 정도입니다. 9-6 기본 근무에 야근은 주 2~3회 정도 합니다. 업무 스트레스도 없는 편입니다. 이직을 준비 중인 이유는 급여 문제입니다. 급여가 늘어나지 않습니다. 세후 월급으로 들어오는 돈은 220 정도인데 연차가 쌓여도 늘어나는 수준이 5만원? 정도예요.

평생직장으로 삼고 싶지는 않습니다. 이곳에서 평생 진급해봤자… 대기업 차장 연봉 될까 말까. 게다가 1~2년 후엔 나이 때문에라도 더욱 더 이직 못할 것 같아서… 이전에 하고 싶기도 하구요.

어차피 일 힘든 건 다 똑같고 대신 대기업은 복지도 좋고 사회적으로 더 대우받을 것 같아요. 첫 취업 땐 능력이 모자라서 대기업 광탈했지

〈'연차'별 '퇴사 고민' 언급량〉

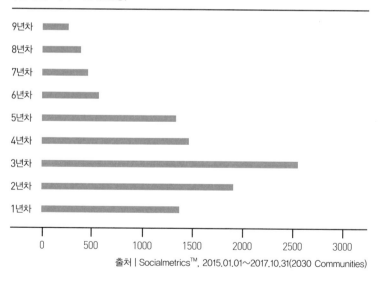

출처 | Socialmetrics™, 2015.01.01~2017.10.31(2030 Communities)

만 지금 경력이라면 가능할 거 같아 도전해보려고 합니다. 저와 같은 루트로 이직하신 분 조언 부탁드립니다."

퇴사 고민자의 글에는 숫자가 매우 많다. 게다가 정확하고 매우 구체적이다. 나이, 연차, 연봉, 세후 월급. 이직 고민 사유는 급여다. 연봉이 적다. 연봉 비교의 기준은 대기업이다. 업무 스트레스가 적고 야근이 아주 많은 것은 아니지만 노동강도는 어디를 가나 비슷하기에 일의 경중은 따지기를 포기한다. 나이 먹고 더 늦기 전에 대기업 중고신입으로 이직을 희망한다. 어떤 업무를 하고 싶다는 희망사항은 없다. 업무강도가 줄기를 바라는 희망도 없다. 원하는 것은 오직 급여의 상승이다.

업무 성격과 강도는 회사별 차이를 비교하기 어렵다. 차이를 구분하고 싶은 수요가 있었다면 누군가가 벌써 등수를 매겨놓았겠지만 연봉 이외의 차이에는 누구도 큰 가치를 두지 않기에 업무강도 서열도는 만들어지지 않았다. 누구나 교사, 공무원, 대기업을 원한다. 그 외의 다른 직군은 언급조차 되지 않는다. 이러한 사회 분위기에서 직장에 거는 기대는 긴 돈 혹은 큰돈이다.

밀레니얼 세대의 또 다른 특징은 말하다, 즉 목소리를 낸다는 점이다.

지금까지의 사회초년생들은 자신의 의견을 말로 표현하지 않았다. 지금의 사회초년생은 자신의 의견을 내세우거나 규칙과 다른 부분을 지적하는 데 익숙하다. 밀레니얼 세대는 이전 세대가 묻기 어려워 못 물었거나 물어볼 줄 몰랐던 기본급여에 대해, 근무조건에 대해, 노동부에서 말하는 ○○보험 가입 여부에 대해, 본인에게 필요한 ○○증명서 발급에 대해 묻는다.

예전에도 정해진 퇴근시간이 되면 자동으로 컴퓨터와 사무실 전원이 꺼지는 시스템이 도입되었던 적이 있었다. 그때에는 전원이 다시 들어오기를 조용히 기다렸다가 다시 컴퓨터를 켜고 일하기 일쑤였다. 밀레니얼 세대가 사회초년생으로 사무실에 등장하고 나서야 다시 전원이 켜지기를 기다리지 않고 서슴없이 퇴근할 수 있는 시대가 되었다. ('퇴근하다' 앞에 '서슴없이'라는 부사를 붙이는 필자 역시 밀레니얼 세대가 아님을 알 수 있다.) 이러한 밀레니얼 세대의 특징 덕분에 우리 사회는 이제까지 쉬쉬하고 조용히 넘어가던 부분을 지적하기 시작했고, 서로 조심하기 시작했다. 배려가 몸에 밴 성숙한 의식에 이르렀다고 보기는 어렵지만 적어도 조심성은 길러졌다. "젠더 감수성이 떨어져서요"라는 애매한 변명을 하며 말을 아낀다.

목소리를 내는 밀레니얼 세대의 특성은 '말듣쓰'로 대표되는 국어 교육과 관련 있지 않을까? 이들은 말하기-듣기-쓰기 순서로 국어 교육의 목표를 삼았던 세대다. 자기 의견을 말로 표현하는 것을 높이 평가한 교육의 목표가 이들 밀레니얼 세대로 실현된 것 아닐까. 참고로 현재 초등학생은 '말듣쓰'에서 '듣말쓰'로 국어 과정 중 요도를 바꾸었다. 말듣쓰 세대의 모습을 보고 아이들에게는 말하기보다 듣기가 더 필요하다고 판단한 것은 아니었을까 추측해본다.

자신의 것은 스스로 챙겨야 한다는 인식이 강하고 이를 표현하는 데에도 익숙한 IMF세대에게 시간(근무시간, 연차, 반차 등의 휴가)과 돈(연봉, 인센티브)에 대한 규칙 명확화는 매우 중요하다. 보상에 대한 규칙과 가이드, 이를 전달하는 기술도 필요하고 반대로 규칙이 지켜지지 않았을 때의 패널티도 명확해야 한다. 기존의 한국사회는 조직 내 태도에서는 모나거나 튀지 않고 두루뭉술함을 미덕으로 여기면서도, 정작 법인이 사람을 채용하고 해고하고 연봉을 협상하는 국면에서는 계약 관계임을 강하게 드러냈다. 이제는 조직과 개인 모두 채용, 해고, 연봉, 연차 등 보상과 패널티에 관해 정중하지만 정확하게 이야기할 수 있는 방법과 규칙이 필요하다.

캐릭터 전성시대 : 유머의 가치

50대 이상 기혼남성이 대다수인 기업 임원진에게 강의할 때 가장 공감하기 힘들어하는 포인트 중 하나는 '캐릭터'에 대한 젊은 세대의 애정이다. 캐릭터 산업의 시장규모는 그들도 잘 알고 있지만 실제로 캐릭터에 돈을 지불하는 개인에 대해서는 이해 난망이다(41쪽 도표 참조). 다 큰 어른이 '장남감'(보통은 피규어라 일컫는 굿즈)을 사 모으는 덕후가 정말 일반적인 현상이라고요? 캐릭터에 저렇게 돈을 쓰는 게 정상적이라고요? 돈이 없어서 끼니는 편의점 도시락만 먹는다면서 몇 만 원 하는 장난감을 안 살 수가 없다고요?

〈캐릭터 산업 매출액〉

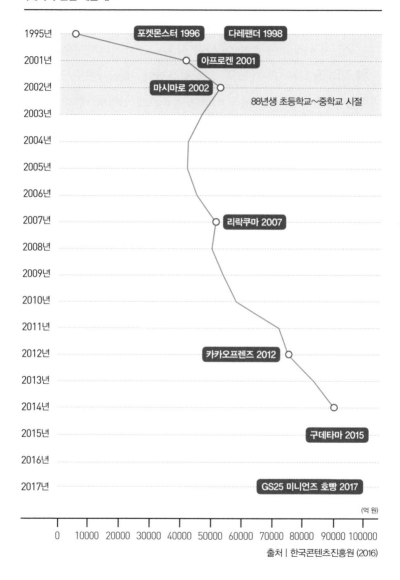

1995년 ─── 포켓몬스터 1996   다레팬더 1998

2001년 ─── 아프로켄 2001

2002년 ─── 마시마로 2002   88년생 초등학교~중학교 시절

2003년

2004년

2005년

2006년

2007년 ─── 리락쿠마 2007

2008년

2009년

2010년

2011년

2012년 ─── 카카오프렌즈 2012

2013년

2014년

2015년 ─── 구데타마 2015

2016년

2017년 ─── GS25 미니언즈 호빵 2017

(억 원)

0   10000 20000 30000 40000 50000 60000 70000 80000 90000 100000

출처 | 한국콘텐츠진흥원 (2016)

키덜트, 덕후, 팬심… 캐릭터나 특정 분야에 애정을 보이는 것은 최근의 경향이라 보기는 어렵고, 이미 일반화된 현상이라 할 수 있다. 다만 이 현상들이 점차 더 많은 사회 분야에 영향을 미치고 있으며, 이것을 '유머의 가치'라고 명명하겠다. '쓸모'라는 기준으로 가치를 재던 세상에서 '매력'이라는 기준으로 이동한 세대. 기능이 같더라도 예쁘고 귀여운 것에 기꺼이 돈을 더 지불할 의향이 있는 세대.

편의점에 수많은 음료수가 있다. 이번 달까지만 한정판으로 뚜껑 안에 무민(Moomin) 캐릭터가 랜덤으로 들어 있는 무민우유를 판다고 하자. 우유를 좋아하지 않더라도 한정판 무민 캐릭터를 모으기 위해 망설임 없이 그 우유를 구입한다면 밀레니얼 세대일 가능성이 높다. 똑같은 우유인데 왜 더 비싼 값을 주고 애들 장난감 같은 것을 사는지 이해가 안 된다면, 혹은 그런 우유가 진열대에 있었는지 보지도 못했다면 밀레니얼 세대와 거리가 멀 가능성이 높다. 누군가는 무민 테마파크가 있는 핀란드로 여행을 떠난다. 누군가는 무민 캐릭터를 꾸준히 모으고, 누군가는 무민이 누군지 지금 처음 알게 된다. 이들에게는 무민이 핀란드 작가 토베 얀손이 만든 캐릭터로 코가 길쭉한 공룡이나 하마 비슷한 상상의 동물이라는 부연 설명이 필요하다.

우리는 같은 시대에 살고 있지만 같은 사람들이 아니다. 태어나자마자 터치스크린을 접한 사람은 큰 TV 화면을 손가락으로 터치하며 왜 스크린이 반응하지 않는지 의아해한다. 처음부터 음성 스피커에 대고 말로 TV를 켠 사람은 세탁기가 왜 내 말을 알아듣지 못하는지 이해하지 못한다. 반대로 기계와 말하는 데 익숙하지 않은 사람은 말로 하는 ARS 1번, 터치로 하는 ARS 2번이라는 선택지 앞에서 조용히 2번을 누른다. 캐릭터가 사방에 있고 캐릭터 상품은 추가로 돈을 지불하게 되어 있음을 보고 자란 사람과, 캐릭터를 아이들 장난감으로 인식한 사람이 캐릭터를 받아들이는 태도에는 차이가 있다. 특히 캐릭터에 추가적인 지불 의향이 있는가는 확연히 다르다.

캐릭터를 '업무'로 접근하는 사람은 소비자가 자발적으로 찍어 올리게 만들기 위해 어떤 요소가 필요한지 분해해서 이해하고자 한다. 찍어 올리지 않을 수 없는 상황을 예로 들어보자. 겨울 한정판으로 하얗고 귀여운 마시멜로 토끼가 들어 있는 핫초코 브랜드가 출시됐다. 겨울, 핫초코, 마시멜로의 달콤하고 부드러운 맛, 토끼 모양 캐릭터, 게다가 한정판. 찍어 올릴 만한 사진이 되기에 적당하다.

그런데 이 토끼 모양 마시멜로가 핫초코에 슬슬 녹으면서 하얀색 얼굴이 초코색이 되고 얼굴 여기저기가 패이면서 기괴한 형상이 된다. 누군가 여기에 '지옥에서 온 토끼'라는 이름을 붙인다. 평온한 겨울 오후가 너를 데리러 왔다는 지옥과 연결된다. 따뜻한 겨울 이미지를 구축하려던 핫초코 브랜드의 바이럴 마케팅은 실패일까? 당연히 아니다. 일부러도 기획할 수 없는 반전이다. 찍어 올리기 적당한 사진이 찍지 않을 수 없는 사진이 된다. 토끼는 녹을 때마다 다른 괴이한 모습이 된다. 저 사람이 올렸다 하더라도 내 사진만의 독특함이 있다. 거기에 이야기가 붙는다. 귀여운 사진 한 장 찍고 우아하게 핫초코 마시다가 지옥에서 온 토끼로 변하기에 '어머, 이 건 찍어야 해' 하면서 허둥대다 핫초코 엎은 이야기, 썸타는 남자사 람친구의 잔에만 특별히 마시멜로 토끼를 넣어줬는데 토끼가 우는 얼굴로 바뀌어서 상황이 애매해졌다는 이야기, 뜨거운 코코아에 녹 아들어가는 토끼의 마지막 말 : 차라리… 죽여… 줘….

캐릭터는 이런 것이다. 너도 알고 나도 알고 있는 기반을 바탕으 로 끊임없이 변주되는 것. 이번에는 어떤 이야기가 나올지 기대되 는 것. 귀여움과 예쁨만으로도 미소 지어지지만 기대 이상의 반전 으로 쿡 하고 웃음을 터뜨리게 만드는 것. 기획된 의도도 물론 중요 하지만, 사람들의 반응에서 나오는 우연성에 기대며 우연성의 결과 에 함께 웃을 수 있는 유머와 여유가 기획자에게 필요하다.

캐릭터, 재미, 반전 요소를 갖춘 유머 코드는 근면 성실을 최상의 가치로 여기는 진지한 윗분들에게 한 방 먹이는 형국이다. 오늘날 의 유머는 근면 성실에 대해 논리적으로 반박하지도 않고, 이해 가 능하게 설명하지도 않고, 같이 웃자고 제안하지도 않는다. 같이 웃 을 수 있으면 웃고 그럴 수 없으면 아무 말도 할 수 없다.

새로운 세대의 유머 코드를 이해하자거나 업무에 적용하자고 제 안하는 것은 아니다. 오히려 그 반대다. 이해할 수 없음을 인정해야 하고, 놀이와 회사를 분리해야 한다. 회사는 놀이터가 아니다. 직장 동료와 회식이라는 이름으로 함께 식사하는 것은 놀이가 아니다.

직장을 놀이터처럼 만들지 말자. 그 대신 직장 내 최소한의 자기만의 시공간을 허용하자. 사랑하는 캐릭터를 놓아둘 수 있는 내 책상, 혼자만의 시간을 보낼 수 있는 점심시간, 부장님의 개인 사무공간으로 변질되지 않는, 혼밥이 가능한 공간이 필요하다. 넓은 범위의 허용이 아니라 좁지만 명확한 범위의 인정. 불가능한 공감보다 훨씬 실현 가능한 방안이다.

자유보다 규칙

밀레니얼 세대를 이해하는 주요한 키워드는 '불확실성'과 '자기중심성'이다. 밀레니얼 세대는 가구당 자녀수가 평균 1명대로 감소한 첫 세대다. 한 자녀에게 오롯이 집중한 베이비부머 세대의 자녀로, 부모의 전폭적인 심리적 지지와 경제적 지원 속에 청소년기를 보냈다. 나를 위해서라면 무엇이든 발 벗고 나서서 해주는 '헬리콥터 맘'의 자녀들도 이들이다.

하지만 이들이 자라온 사회적 환경은 경제적, 사회적, 교육적 측면에서 불확실성의 시대였다. 대한민국 최대 호황기에 태어났지만 IMF 외환위기, 글로벌 금융위기 같은 사회의 위기를 겪으며 성장했다. 초등학교에서 영어를 배운 첫 세대이고, 내신 9등급제로 바뀐 후 첫 수능 재수생이 나왔고, 계속 변화하는 교육과정 속에서 학창시절을 보냈다. 한마디로 스스로에 대한 기대와 결과적 현실이 가

〈가구당 평균 자녀수 변화〉

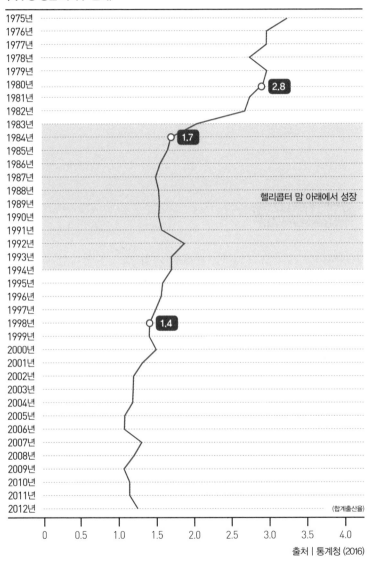

헬리콥터 맘 아래에서 성장

(합계출산율)

출처 | 통계청 (2016)

장 차이 나는 세대라 할 수 있다. 반면 베이비부머 세대는 인생의 주요 국면에서 언제나 기대 이상의 현실을 맞이했다. 자신이 태어나 자라던 환경보다 더 나은 환경이 기다리고 있었다.

서로 다른 환경에서 나고 자란 사람들이 서로를 이해하기란 불가능할 수도 있다. 장기적으로는 서로에 대한 신뢰가 구축되어야겠고, 단기적으로는 이 간극을 메울 규칙이 필요하다.

이에 대한 힌트가 있다. 휴가와 관련하여 밀레니얼 세대가 가장 선호하는 제도는 '반반차'다. 4시간 휴가가 반차라면, 2시간 휴가가 반반차다. 긴 시간은 아니지만 잠깐의 짬이 필요한 일들이 있다. 육아나 가사, 듣고 싶은 강의, 하루 정도 느긋한 아침 시간을 보내기에 적당하다.

이 제도가 없을 때는 동료나 상사에게 눈치 보며 '조금만 일찍 퇴근하겠습니다', '늦게 출근하겠습니다'라고 양해를 구해야 했다. 반면 반반차는 양해해줄 수 있는 범위이면서, 남의 눈치를 보지 않고 당당하게 자신의 권리를 누릴 수 있는 규칙이다. 앞서 말한 것처럼 무임승차 역시 밀레니얼 세대가 바라는 바는 아니다. 적법성은 밀레니얼 세대에게 중요한 가치다. 이들은 '오피셜(공식적 발표)'을 중시하고, 적법하지 않은 사안에 분노한다.

밀레니얼 세대의 여러 면모를 이해하기는 어렵다 하더라도 한 가지만은 새겨두자. 명시화된 '규칙'이 필요하다. 마치 스터디 모임의 회원들을 위한 규칙처럼 명확하고 숫자로 표현되는 규칙 말이다.

규칙
결석 : 5000원
지각 : 3000원
단어 1개 틀릴 때마다 : 400원
숙제 해오지 않을 시 : 3000원
팀원들이 순서를 정해 그날그날 단어 시험지 만들기

주40시간 테두리에서 근무시간을 처음부터 끝까지 자유롭게 정하는 유연근무제보다는, 확실하게 자신의 권리를 누릴 수 있는 손에 잡히는 규칙이 밀레니얼 직장인들의 만족도를 더 높일 수 있다.

적법성을 지켜요

오뚜기가 '갓뚜기'가 된 이유는 소외된 이웃을 위해 많은 기부금을 냈기 때문이 아니라 적법하게 세금을 냈기 때문이다. 밀레니얼 세대는 부당한 대우만큼이나 무임승차도 원하지 않는다. 적법한 절차를 따르고 우리 제품이나 서비스가 소비자에게 줄 수 있는 것과 줄 수 없는 것을 명확히 하자.

숫자로 말해요

밀레니얼 세대에게 중요한 것은 효율이다. 우리 제품이나 서비스가 소비자에게 주는 이익을 숫자로 표현할 수 있어야 한다. 얼마의 돈을 아끼게 해주었는가? 몇 단계를 줄일 수 있게 해주었는가? 얼마의 시간을 벌어주었는가? 얼마의 '좋아요' 숫자를 늘려주었는가?

유머를 잃지 말아요

소비자가 관심 가질 수 있는 '이야깃거리'를 제공해야 한다. 설사 기획된 의도가 어긋나서 놀림을 받아도 무관심보다는 낫다.

Chapter 2.

퇴근 시간의 변화

김정구

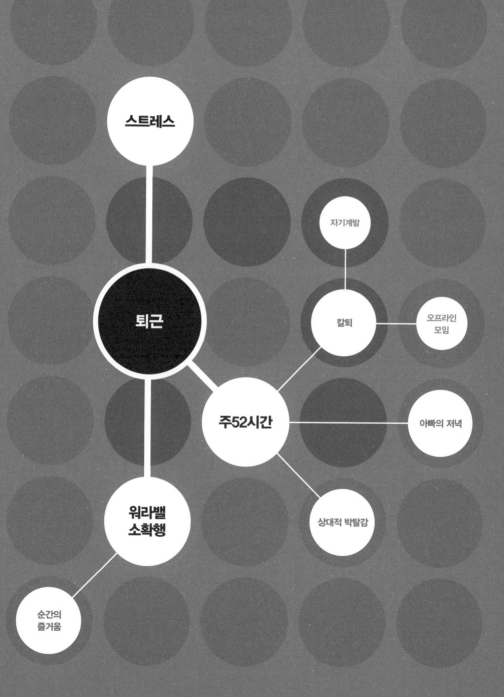

지난해《2018 트렌드 노트》에서는 주말의 의미 변화에 주목해야
하는 이유에 대해 이야기했다. 주말의 개념이 금요일 저녁에 시작
해 일요일 늦은 밤에 마무리되는 2박 3일로 확장되었고, 주중보다
촘촘하고 바쁘게 주말을 보내기 시작했다는 내용이었다. 올해는 주
중의 변화를 보고자 한다. 퇴근 후 이동하고 밥 먹는 시간 외에 자
신에 집중할 수 있는 (혹은 가질 수 있는) 2~3시간 동안 사람들은 무
엇을 할까? 그 시간 동안 사람들은 어떤 제품 혹은 서비스와 함께
할까?

　경제협력개발기구(OECD) 국가 중 대한민국 근로자의 연간 평균
근로시간이 몇 년째 최상위권이라는 사실은 이제 새삼스럽지도 않
지만,[1] 이 순위가 2018 FIFA 월드컵에 참가했던 대한민국 축구 국가
대표팀의 최종 성적이었다면 얼마나 행복했을까 잠시 생각해보다
가 혼자 웃어버리고 말았다.

---

1) 2017년에 한국의 연간 평균 근로시간은 멕시코, 코스타리카에 이어 자랑스러운 3위를 차지했다.
　다른 소스의 유사 데이터들도 결과는 다르지 않다.

한국인이 기질상 '빨리'에 대한 애정(愛情)이 남다르다고 하지만, 유독 노동상황에서 이 기질은 철저히 집권자 혹은 가진 자의 관점에서 해석되고 관철돼왔다. 1972년 10월 유신 이후 '경제성장'이라는 대의(?) 하에 더 많이 그리고 더 빨리 제품/서비스를 생산하기 위해 노동자들의 근로시간은 기꺼이 희생되었다. 적절한 비교 사례가 아닐지 모르지만 미국은 1926년 헨리 포드가 주말에 공장의 기계를 꺼버렸고, 1938년에 법령으로 지정되기에 이르렀다. 주40시간 근무제라고도 불리는 '주5일 근무제'는 한국에서 무려 66년 후인 2004년에야 시행되었다.[2] 이에 공식적으로 토요일 근무는 대부분 사라졌지만 여전히 주40시간 근무는 구호일 뿐 현실과는 거리가 있다. 토요일에 근무하던 시간이 주중으로 옮겨왔을 뿐이고, 심지어 1970~80년대에 산업역군으로 복무한 부모님 세대보다 더 열렬히 밤 시간을 사무실과 일터에서 하얗게 불태우고 있다.

'주5일 근무제'에 순기능과 역기능이 모두 있지만, 라이프스타일 측면에서 주말의 개념을 바꿨다는 점은 반드시 짚고 넘어갈 필요가 있다. 1980~90년대에는 가족이 오롯이 시간을 보낼 수 있던 날은 일요일뿐이었고, 가끔 근교로 당일치기 나들이를 하는 것 말고는 하룻밤 자고 오는 여행도 어려웠다. 하지만 주5일 근무제가 도입된 후 토요일에 아이들이 학교에서 돌아오면 오후에 출발해 하룻밤 자고 오는 여행도 가능해졌다. '패밀리카' 구입이 늘었고,

---

2) 프랑스에서는 1936년, 독일은 1967년, 일본은 1987년에 각각 주5일 근무제가 시행되었다.

서글프지만 주말 교통사고도 증가했다.[3] 주말과 평일의 경계에 있
던 토요일의 의미가 주말에 가까워지면서 생긴 변화다.

14년이 흐른 2018년, 노동 환경에 또 다른 변화가 찾아왔다. 2월
국회에서 근로기준법개정안이 통과돼 7월 1일부터 종업원 300인
이상 사업장과 공공기관을 대상으로 '주52시간 근무제(법정근로 40
시간+연장근로 12시간)'가 시행되었다. 이 장에서는 주52시간 근무제
가 우리의 일상을 어떻게 바꿔놓았고, 바꿔놓을지 살펴보자.

퇴근의 의미

적어도 아직까지 퇴근은 긍정보다는 부정적 뉘앙스를 많이 내포
하고 있는 단어임은 확실하다. '열심히 업무를 마무리하고 회사를
나서니 기분이 상쾌하네'라고 말하는 사람보다 퇴근하면서 '스트
레스', '피곤하다', '눈치', '힘들다'고 이야기하는 사람들이 압도
적으로 많다. '칼퇴'라는 단어가 존재한다는 사실 자체가 한국의
노동상황을 대변해준다. 정시 퇴근이 당연시된다면 이런 단어가 굳
이 필요하겠는가?

도표를 보자. 일반적으로 퇴근에 대한 이야기를 할 때 우리는 조
직이나 상사 혹은 동료에게 받은 스트레스를 그대로 담은 채 서둘

---

3) "주5일제 시행 후 교통사고 발생 증가", SBS 뉴스, 2006.8.7.

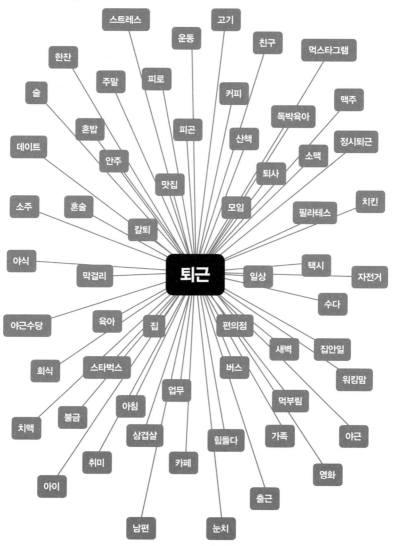

〈'퇴근' 연관어〉

출처 | Socialmetrics™, 2017.01.01~2018.08.31

세태의 변화

러 집으로 향하거나, 잠시나마 스트레스를 잊기 위해 친구와 약속을 잡거나, 혹은 근무의 연장인 (누구를 위한 것인지 모를?) 회식 상황을 언급한다.

아이가 있는 기혼자는 지친 몸을 이끌고 집으로 돌아가더라도 육아와 집안일이라는 엄청난 업무가 기다리고 있고, 전업주부는 오늘도 야근하는 남편의 퇴근을 기다리며 독박육아 중이다. 육아와 집안일이 마무리되는 밤 11시가 되면, 지난 주말 마트에서 4캔에 9400원에 사와 쟁여두었던 시원한 맥주 한 캔과 심야 예능프로그램의 조합으로 내일의 출근 압박을 잠시라도 잊으려 한다. 가랑비에 옷 젖듯 서서히 불어나는 뱃살보다는 오늘 밤 한 캔이 주는 '순간의 행복'이 선택되는 것이다. 싱글 혹은 자유로운 영혼의 기혼자라면 오늘 과연 내가 '야근각'일지 '칼퇴각'일지 오후 3~4시경부터 열심히 저울질을 시작해 퇴근 후 '친구 만나기 미션'이 가능할지 여부를 다각도로 시뮬레이션해본 후, 성공 가능성이 80% 이상이라면 맛집 검색을 시작한다. 회식 상황은… 과감히 생략하자.

여전히 '미래'보다 '현재'가 중요하다, 다만…

안 그래도 중요했던 '퇴근'이 요즘 들어 더 중요해지고 있는 이유를 '워라벨(work-life balance)'을 둘러싼 담론으로 해석할 수도 있을 것이다. 오후 6시에 퇴근이 가능해야 퇴근 후 시작되는 2교시의 삶을 영위할 수 있기 때문이다. 마냥 행복하지만은 않았을 일터에서의 1교시 후, 지친 몸과 마음의 휴식을 위해서라도 퇴근 후 2교시를 효율적으로 활용하는 방법을 찾는 것이 중요해지고 있다.

> "워라밸, 워라밸 하는데 워라밸은 무슨… 매일같이 야근에 집에 오면 지쳐 쓰러져 자기도 벅찬 게 현실… 10시 전에라도 퇴근해보는 게 소원이네요… 오늘 아침부터 회사에서 스트레스 받아 점심시간에 달달한 스벅 블루베리 치즈 케이크 한 조각 퍼먹으며 버팁니다… 이게 유일한 소확행이라니…ㅜㅜ"
>
> "워라밸은 그냥 TV에서 떠드는 소리일 뿐. 일을 적게 하는 날이 하루에 기본 12시간 근무다… 소확행도 어렵게 느껴지는 건 나뿐인 건지"

이렇듯 '워라밸'은 여전히 중요하다. 2017년 7월경부터 한국 사회/경제와 관련된 주요 담론이 된 이래 워라밸은 '저녁이 있는 삶'에 대한 니즈를 증가시켰고 '소소하지만 확실한행복'을 추구하는 라이프스타일 경향성에 영향을 끼친 것으로 보인다.[4] 이는 2018년에도 여전히 '미래'보다는 '현재'에 무게중심을 두고 일상을 살고 있다는 증거가 될 수 있겠다. 물론 미디어와 출판물 등에서 이러한 키워드가 여러 차례 언급되어 유행이 된 점도 부인하기 어렵지만, 자신의 현재를 설명하고 대변하는 데 가장 적절한 키워드로 사람

---

4) 알아둬도 쓸데없을 수 있지만 소셜미디어 상에서 워라밸에 대한 관심은 tvN 〈알쓸신잡〉 시즌1, 8회(전주편)에 언급된 이후 서서히 증가하기 시작했다.

〈'워라밸', '소확행', '욜로(YOLO)' 언급량 추이〉

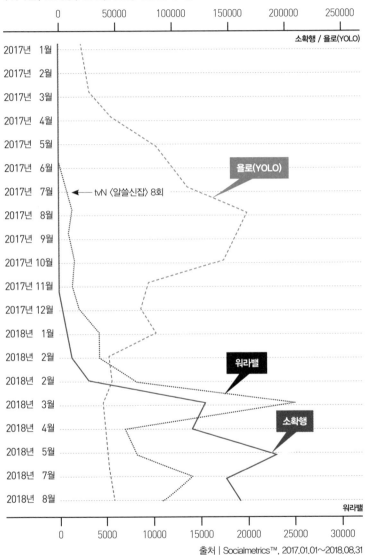

출처 | Socialmetrics™, 2017.01.01~2018.08.31

들이 자발적으로 사용하기 시작했다는 점에서 볼 때 하나의 경향성이라고 봐도 좋겠다.

워라밸과 관련해 사람들이 많이 언급하는 단어들의 사용빈도를 보자. 왼쪽의 도표에서 1차적으로 보이는 사실은 '워라밸'과 '소확행', 이 두 가지 가치가 꽤 유사한 경향성을 보여준다는 점이다. 그러나 '워라밸'보다는 '소확행'에 대한 사람들의 관심이 월등히 높고, 지속적으로 높아지고 있다는 점도 눈에 띈다.

아울러 2017년 사람들의 라이프스타일 가치/태도 변화를 가장 잘 설명했던 '욜로(YOLO)'에 대한 언급과 관심이 2017년 8월을 기점으로 서서히 감소하고 있다는 것을 볼 수 있다. 그리고 보니 '욜로'처럼 급격하지는 않지만 '워라밸'과 '소확행'의 언급 추이에서도 흥미로운 변화가 발견된다. '워라밸'에 사람들이 먼저 반응하기 시작했고, 그 후에 '소확행'에 대한 관심과 반응이 뒤따르다가 2018년 이후 소확행과 관련된 담론이 워라밸보다 무려 8배 이상 많아졌다는 점이다.

사람들이 미래보다 현재를 중시하는 현상은 소셜미디어 분석을 통해 2015년 이래 일관되게 관찰된다. 이와 같은 경향성이 향후 몇 년 동안은 지속되지 않을까? 그럴 것이라 충분히 예측 가능하다. 이와 유사한 이야기를 《2018 트렌드 노트》에서도 이미 했다. 다만 한 가지 더 말해보자면 사람들의 일상을 둘러싸고 있는 '커다란' 경향성은 '현재'라는 개념으로 묶이지만, 키워드의 변화와 함께 발견되는 특이점이 보인다는 것이다.

　그것은 라이프스타일에 대한 태도/가치의 기간(duration)이 점점 짧아지는 것과도 관련이 있다. '욜로'로 시작해 '워라밸' 그리고 '소확행'으로 이어지는 단어의 변화는 단순히 사람들의 유행어(?)가 바뀌는 것 이상을 뜻한다. 이 유행어 혹은 키워드들은 저마다 다른 기간을 내포한다. 욜로는 '인생'과, 워라밸은 '생활(일과)'과 매치된다. 그렇다면 소확행은? '순간'으로 이어진다. 즉 이들 키워드의 변화는 사람들이 중시하는, 혹은 인지하는 현재의 기간이 짧아지고 있음을 뜻한다.

　이는 이 책을 관통하는 주제인 '세대'가 지니는 특징으로도 부연 설명이 가능하다. 유튜브 사용시간이 네이버, 페이스북 그리고 카카오톡 사용시간을 넘어섰는데,[5] 밀레니얼 세대, 더 좁게는 'Z세대'(흔히 1995년 이후 출생자로 이야기한다)라 불리는 20대나 '알파세대'라 불리는 10대들의 유튜브 사용시간은 다른 세대에 비해 월등히 높다. 텍스트보다 영상이 더 익숙한 세대의 특징을 반영하는 결과인데, 유튜브 인기 동영상 평균 길이는 2분 54초[6]이고 20대 선호 동영상 길이는 43초[7]다. 인간의 주의지속시간(attention span)이 약 8초[8]로 9초인 금붕어보다 짧으며 2000년의 12초에 비해 4초나 줄어든 결과라고 발표된 연구도 있다.

---

5) "한국인 유튜브 사용시간 월 257억분, 네이버의 2배", 중앙일보, 2018.3.7.
6) SunAll/Buffer Analysis
7) PKT경제경영연구소 + 대학내일20대연구소, 2018.
8) Statistic Brain Research Institute, 2016.

소확행은 단순한 유행이 아니라
내 삶의 태도/가치의 기간이
짧아지고 있음을 보여주는 증거다.

이에 대해 두 가지 해석 또는 유추가 가능하다. 세대가 가진 특성이 라이프스타일 태도/가치관에 반영되고 있거나, 당장 실현하기 어려운 워라밸과 욜로를 추구하는 대신 상대적으로 쉽게 실현할 수 있는 순간의 행복으로 스스로를 위로하기 때문인지도 모르겠다.

주중의 삶이 변화하기 시작하다 : 우리의 2교시를 위하여

소수의 한 걸음, 다수의 뒤따름 (feat. 주52시간 근무제)

'퇴근'으로 돌아가 보자. 퇴근 후 삶에 대한 태도 혹은 가치의 변화를 어디에서 확인할 수 있을까?

소수이기는 하지만 직장인들을 중심으로 자기계발, 취미, 재테크 등 개인의 관심사를 기반으로 한 사적(私的) 모임이 활성화되고 있다. 대표적인 예가 '2교시', '북클럽', '트레바리' 등의 O2O 기반 플랫폼들이다. 누가 시킨 것도 아닌데 퇴근 후 비용을 지불해가며 독서 클럽에 가입해 적극적으로 토론하거나 발레나 드로잉을 배우는 행위를 시작했다는 점, 퇴근 후 친구와 술 한잔 하거나 영화를 보거나 맛집 투어를 하는 것보다 조금 더 적극적이고 능동적으로 자기 자신을 위한 행위를 시작했다는 점은 퇴근 후 일상이 서서히 변화하고 있다는 유의미한 단서인 듯하다.

물론 주중 2교시를 능동적으로 받아들이고 즐기기 시작한 사람들이 아직 소수임을 부인할 수는 없다. 그러나 시대의 변화는 언제나 작은 곳, 작은 부분에서 시작되지 않았던가. 가장 가까운 역사적 사례인 2016~17년의 촛불집회를 보더라도 1차 집회는 불과(?) 5만여 명, 경찰 추산 1만 2000명에서 시작되었다.

아울러 2교시를 위한 행위의 장소가 여전히 오프라인이라는 점도 주목해볼 수 있겠다. 수없이 많은 관심사/취향/취미별 온라인 커뮤니티가 존재하고, 간단한 가입절차만으로 전문가 수준의 정보를 얻을 수 있기에 상대적으로 빠르고 용이하며, 정모도 활발하게 이루어지기도 한다. 그럼에도 오프라인으로 모이는 이유가 뭘까? 결정적으로 온라인 커뮤니티는 강제성이 없고 적극적으로 참여해야 할 의무가 상대적으로 느슨하다. 즉 시작하기도 쉽지만 그만큼 끝내기도 쉽다. 때문에 상대적으로 쉬운 온라인보다 적극적인 노력과 비용이 더 투여되어야 하는 오프라인이 주목받는 것이라 보인다. 무엇보다도 오프라인 기반 모임은 상대적으로 희소하고, 남다름을 드러내기에도 좋다.

앞으로 일어날 주중 2교시의 변화 또한 비슷한 흐름으로 전개될 것이다. 그동안 '2교시 삶'에 대한 바람은 막연한 꿈이자 소수의 성취자들에 대한 동경에 머물러 있었지만, 이제는 다수에게로 확산될 가능성이 커졌다. 무엇보다 2018년 7월부터 시행된 주52시간 근무제는 2교시를 위한 확실한 백그라운드가 되어주고 있다. 소셜미디어 상에도 퇴근에 대한 언급이 정확히 제도 시행 시점부터 눈에 띄

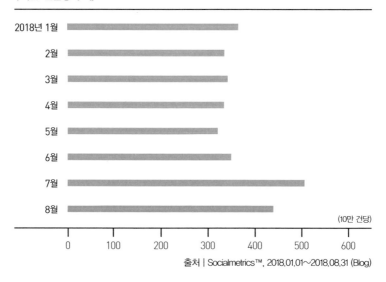

〈'퇴근' 언급량 추이〉

2018년 1월	
2월	
3월	
4월	
5월	
6월	
7월	
8월	

(10만 건당)

0   100   200   300   400   500   600

출처 | Socialmetrics™, 2018.01.01~2018.08.31 (Blog)

게 증가하기 시작했다. 사소하지만 흥미로운 점은 사람들이 근무시
간(형태)의 변화를 예고하던 기간에는 큰 움직임이 없다가, 제도가
실제로 적용되고 나서야 (본인 또는 주변인들의 간증을 통해서야) 본격
적으로 이야기하는 경향이 눈에 띈다. 마케터의 입장에서 생각해보
자면, 당신의 제품이나 서비스를 출시하기 전보다 출시한 후 소비
자의 반응을 더 면밀히 살펴보고 적절히 대응할 필요도 있다고 확
대 해석할 여지가 있어 보인다.

　아직까지는 주52시간 근무제가 적용되지 않는 업종이나 300인
미만 사업장의 비율이 높아 체감하지 못하는 사람들이 많기는 하
지만 2021년 7월부터는 전 사업장에 적용될 것이다. 즉 필연적으

받아들이고, 준비하자.
주52시간 근무제는 필연적으로 다가올 미래다.

세태의 변화

로 다가올 미래이기 때문에 퇴근 후 삶에 대한 사람들의 관심은 지속적으로 이어질 수밖에 없다. 과연 어디까지를 근로시간으로 볼지에 대한 기준과 가이드라인이 여전히 모호해 현실에 맞게끔 정책을 수정해갈 필요는 있을지언정 제도 자체는 이미 시행되었으므로 사람들이 이를 어떻게 받아들이는지 꾸준히 살펴볼 필요도 있다. 2004년의 '주5일 근무제'가 주말 일상의 의미를 변화시켰다면 이제 '주52시간 근무제'로 주중 일상의 의미도 변화할 터이기 때문이다.

주52시간 근무제가 가져온 '명(明)'

"주52시간 근무 적용되고 나서 ㅎ 저희 회사 근무시간이 5시 30분까지인데 5시 40분 되면 컴퓨터가 꺼진답니다… 한창 바쁠 때는 일주일 내내 야근할 때도 있었는데 ㅎ 이제는 야근하는 걸 눈치봐야 하는 상황이니 ㅎ 5시 30분 땡퇴!! 합니다 ㅎㅎ"

"주52시간 월욜부터 시작인데 저처럼 확 느껴지시는 분 계신가요? 매일 거의 매일 야근했던… 오늘부터 운동도 시작하기로 했어요."

"얼마 전부터 5시 30분이 되면 PC에서 퇴근 준비하라는 알림이 뜨고, 6시가 되면 대부분 자연스레 퇴근하는 것이 자연스러운 현상이 되고 있는 것 같아요. 저도 덕분에 주변 눈치 안 보고 퇴근 후 저만의 시간이 많이 생겨 무료 강연회라든가 북클럽 같은 모임 스케줄을 자연스

〈'퇴근' 연관어 변화〉

2018년 1분기		2018년 2분기		2018년 7~8월	
5	출근	5	출근	5	출근
6	직장인	6	하루	6	**맛집**
7	하루	7	**맛집**	7	하루
8	**맛집**	8	주말	8	직장인
...		...			
14	아침	14	아침	14	**맥주**
...		...		...	
17	운동	17	**맥주**	17	카페
18	금요일	18	날씨	18	육아
19	**맥주**	19	금요일	19	운동
...		...		...	
24	**커피**	24	럽스타그램	24	엄마
25	점심	25	**커피**	25	비
...		...		...	
28	ootd	28	월요일	28	**커피**
...		...		...	
57	영화	57	벚꽃	57	**한잔**
58	**피곤**	58	생활	58	메뉴
...		...		...	
60	메뉴	60	**피곤**	60	더위
...		...		...	
60	부산	60	**한잔**	60	야근
...		...		...	
66	**스트레스**	66	목요일	66	직장인인스타그램
67	수요일	67	수요일	67	**피곤**
68	맛	68	**스트레스**	68	식사
...		...		...	
70	**한잔**	70	산책	70	목요일
71	야식	71	휴무	71	**스트레스**
72	**소주**	72	봄	72	조기
73	화요일	73	스타	73	화요일
74	얼굴	74	**소주**	74	폭염
75	휴무	75	평일	75	**소주**
...		...		...	
80	조기퇴근	80	직장인인스타그램	80	**취미**
...		...		...	
85	직장인인스타그램	85	**취미**	85	버스
86	**취미**	86	버스	86	우리집
...		...		...	
87	**회식**	87	직원	87	우리집
88	업무	88	**회식**	88	업무
...		...		...	
95	삼겹살	95	우리 집	95	**회식**

출처 | SOCIALmetrics™ 2018.01.01~2018.08.31

레 찾아보고 참석하기 시작했네요. 친구들을 만나 가볍게 한잔 하는 일도 많아졌어요."

앞의 도표를 보면 2018년 7월을 기점으로 퇴근의 의미가 변화하고 있다는 사실이 뚜렷이 보인다. 크게 4가지로 나눌 수 있는데, 첫 번째로 회식 자리에서 소주 마시는 것이 아니라 친구나 가족 혹은 홀로 맥주 한잔을 즐기는 상황으로 퇴근 후 모습이 달라지기 시작했다. 무더위가 시작된 여름철이기에 소주보다 맥주가 선호되는 계절적 영향도 있겠지만 주52시간 근무제가 본격적으로 예고되고 일부 사업장에서 먼저 시행된 2018년 2분기부터 퇴근과 관련한 '소주', '맥주', '회식'의 순위가 변화하기 시작한 것을 볼 때, 주52시간 근무제가 이러한 변화에 영향을 미쳤음을 충분히 유추할 수 있다.

두 번째, 사람들이 저녁이 있는 삶을 자축하기 위해 '맛집'을 더 많이 찾기 시작했다. 혼밥과 집밥, 간편식 등 먹는 행위에 대한 트렌드가 요동치는 가운데 맛집에 대한 관심이 뜨거워진 것이 이미 몇 년 전이므로 이제 와서 새삼스레 맛집에 대한 관심을 분석할 필요는 없을 것이다. 다만 퇴근 후 맛집을 방문하는 행위가 예전보다 더 많아졌음은 주목할 필요가 있다. 기존의 맛집은 주중보다는 주말의 키워드였는데, 이제는 퇴근 후 주중 저녁 일상의 한 컷에 가까워지고 있다.

어쩌면 퇴근 후 맛집에서 한 끼 그럴듯하게 먹는 행위 자체가 중요한 의미는 아닐지도 모른다. 제도 시행 초기인 지금은 '저녁이 있는 삶'이 내게도 가능해졌음을 실감하는 일종의 세리머니로 받아들여도 될 법하다.

> "요새 주52시간 이슈 때문에 좀 더 일찍 퇴근할 때도 많아졌어요 (아
> 싸!!) 오랜만에 맛집도 가고… 친구들도 만나고…"

세 번째, 퇴근 후에 할 수 있는 취미생활을 찾기 시작했다. 가장 연관이 높은 행위는 '운동'인데, 8월 들어 '퇴근 후 운동하고 싶다'고 희망을 이야기하는 사람들보다 '운동을 시작했다'고 말하는 사람들이 서서히 늘어나고 있다.

다음 도표를 보면, 퇴근 후 즐기는 취미활동에도 작은 변화가 나타난다. 유형이건 무형(지식)이건 간에 '결과물'이 남는 행위를 하기 시작했다는 점이다. 자소서에 언급되는 영원한 취미 베스트셀러는 영화감상이나 독서였다. 그런데 이제는 문화센터나 그림, 필라테스 등 가시적인 결과물이 남는 활동이 각광받고 있다. 1~2시

〈2018년 상반기 대비 7~8월의 '퇴근'과 '취미' 연관어 추이〉

주요 상위 키워드	운동, 다이어트
주요 상승 키워드	자기계발, 문화센터, 영어회화, 그림, 외국어, 게임, 필라테스
주요 하락 키워드	영화, 책, 독서

출처 | Socialmetrics™, 2018.01.01~2018.08.31

간의 '힐링' 타임으로 내일을 위한 에너지를 재충전하려는 의도도 있겠지만, 결과물을 찍고 공유하기 좋다는 점에서 '나'를 드러내기 가장 좋은 수단이기 때문일 것이다. 문화센터의 원조 격인 백화점에서도 변화에 발 빠르게 대응해 직장인을 대상으로 평일 저녁시간 강좌를 앞 다투어 증설하기 시작했다.

아울러 취미와는 다소 거리가 멀어 보이는 영어회화나 외국어 수업 같은 활동이 취미의 영역으로 들어오기 시작한 점도 눈에 띈다. 현재 그리고 순간의 가치를 중시하는 경향성과 달리 '미래'를 위한 행위가 취미의 범주에 가볍게라도 나타난 것일까? 아무리 현재를 중시하는 삶을 살고 있어도 불확실한 미래를 아예 외면하지는 못하나 보다.

"이번 달부터는 퇴근길에 가볍게 취미로 영어회화 수업을 인강으로 보기 시작했어요. 회사 다니다 보니 학교 다닐 때 영어 공부 좀 열심히 해놓을걸 하는 후회를 늘 하고 있었는데, 마침 시간적 여유가 좀 생겨서 공부가 아닌 취미생활로라도 가볍게 시작해야 할 것 같아서요."

네 번째, 무엇보다도 퇴근을 이야기할 때 '피곤' 또는 '스트레스'와 연관된 표현이 줄어들었다. 이것만으로도 퇴근을 받아들이는 사람들의 상황, 즉 퇴근의 의미가 변화하기 시작했음을 짐작할 수 있다.

저녁이 보장되는 삶의 실현 가능성이 조금씩 높아짐에 따라 퇴근의 부정 감성이 조금씩 감소하고, 사람들의 관심과 일상에 변화가 나타나고 있다. 6시 퇴근 후 잠들기 전까지 생긴 5~6시간을 좀 더 풍요롭게 보내고 싶은 사람들의 니즈가 현실에 다양하게 나타나기 시작했다. 마케터들에게는 '퇴근 후 2교시를 위해 무엇을 해주어야 할 것인가?'라는 새로운 과제이자 기회가 주어진 것이다.

"확실히 6시 땡~ 하면 컴퓨터를 끄고 퇴근하는 문화가 자리 잡힌 것 같아요. 저희도 올해부터 야근을 하게 되면 윗분들에게 한 소리 듣기도 해서 가급적 정시에 퇴근하고 있습니다. 그리고 정시 퇴근 한다고 업무 능률이 이전보다 차이 나게 떨어지는 것 같지는 않아 요."

주52시간 근무제를 비교적 일찍 시행한 A기업의 부장님이 필자 에게 해준 말이다. 정시 퇴근해도 업무 효율성에 부정적 영향을 미 치지 않는다는 점이 먼저 눈에 들어온다. 이 말을 뒤집어보면 근무 시간에 '딴짓' 하기가 어려워졌다는 의미이기도 하다. 1분이라도 허투루 보냈다가는 효율성이 떨어지는 자로 낙인찍히기 좋은 상황 이라 근무시간에는 이전보다 훨씬 치열하게 임해야 한다는 고충도 있을 것이다. 일부이긴 하지만 생리현상 해결을 위한 시간을 근무 시간으로 봐야 하는지 아닌지에 대해 갑론을박이 벌어지기도 하는 모양이다.

주52시간 근무제가 가져온 '암(暗)'

세상사에 반드시 명과 암이 있듯 주52시간 근무제 역시 밝은 오늘만을 기약하지는 않는다. 소셜빅데이터의 수면 아래 흩어져 있는 사람들의 목소리를 들어보면 주52시간 근무제가 가지는 또 다른 단면이 보인다.

"주52시간 근무제가 시행되었다고는 하지만 저는 이에 해당되지 않는 중소기업 근무자라 전혀 영향을 받지 않아요. 해야 하는 일은 점점 더 늘어나는데 사람 충원은 해주지 않고… 매일같이 9시 10시까지 야근해요… 대기업 다니는 친구들 얘기 들어보면 일찍 퇴근해서 살맛 난다던데…"

"다들 하루에 몇 시간이나 일하시나요? 중소기업이라 주52시간 적용은 먼 훗날 이야기이고 야근이나 주말 근무는 너무나 흔한 일이네요. 물론 회사 차원에서 주말에 나오라고 강요는 안 하지만 일이 너무나 많으니 자발적으로 나오게 되네요. 평균적으로 평일 기준 하루에 13~14시간 정도 일하는 것 같아요. 좀 일찍 끝난다 싶을 때도 12시간 정도 일하고요."

"지금 다니고 있는 회사가 300인 이하 중소기업인데 이미 시행한 회사의 분위기는 어떤가요?"

'상대적 박탈감', 이 한마디로 요약될 수 있을 것 같다. 저녁 있는 삶을 실감하지 못한 채 '동경'하는 이들이 여전히 많다는 것이다. 물론 2020년 이후에는 해당 법이 대부분의 사업장으로 확대 적용될 예정이기에 이는 시간이 해결해줄 문제로 보인다. 경영자들로서는 업무 효율성을 높이기 위한 방법을 고민할 시간이 많지 않다는 뜻이다. 2019년 즈음이면 효율적 조직관리의 베스트프랙티스를 제시하는 도서들이 서점에 쏟아지지 않을까?

주52시간 근무제의 적용을 받는 직장인들이라고 마냥 즐겁기만 한 것은 아니다. 회사의 온갖 꼼수(?)를 비판하는 담론도 보인다. 이들의 불만을 요약하면 '조삼모사'라 할 수 있을 듯하다. 제도를 시행하며 생색은 내는데 실제로 좋아지는 체감효과는 별로 없다는 것이다.

"'주52시간 근무제' 표현 안 쓰기 운동이라도 해야 하나? 은근슬쩍 52시간을 디폴트로 깔려는 사람도 보인다… 주40시간에 불가피할 때 당사자들 간에 합의 봐서 12시간 더 할 수 있다 아니었나? 주40시간이 디폴트라고…."

"주5일 52시간 맞춘답시고 월요일부터 목요일은 아침 8시 출근해 밤 9시 퇴근하고 금요일만 아침 8시 출근해 오후 5시 퇴근한다네요. 아무래도 제조업이다 보니 오후 5시 퇴근해도 되지만 그만큼 월급이 깎인다는데… 솔직히 이게 누굴 위한 법인지 모르겠어요ㅜㅜㅜㅜ"

"주당 52시간 근무하면 집에 9~10시에 갑니다. 칼퇴는 무슨 ㅡㅅㅡ"

데이터에 나타나지 않은 리더들의 사정

"저희 회사는 5월부터 주52시간 근무제를 도입했고, 자율 출퇴근제를 실시하고 있어요. 2주마다 팀원들에게 근무계획표를 제출받고 있긴 합니다만, 제가 모든 팀원들의 근무계획을 일일이 파악하고 있기는 어렵습니다. 어떤 사원들은 월요일에서 목요일까지 52시간 근무를 몰아서 하고 금요일에는 회사를 나오지 않아요. 휴가는 아니죠. 그들이 정당히 누릴 수 있는 권리이기 때문에 뭐라고 말은 못하지만, 급하게 금요일 오전에 담당자가 필요하거나 갑자기 회의가 잡힐 때 담당자가 출근을 한 건지 아닌지 알 수가 없어 당황스러울 때도 있습니다."

주52시간 근무제를 앞서 시행한 또 다른 그룹사 팀장의 말이다. 상황이 갑자기 달라지면 그때그때 유연하게 맞춰 대응하던 게 기존의 관행이었는데, 제도를 글자 그대로 해석하는 새로운 분위기에서 겪는 중간관리자의 고충이 느껴진다. 해당 직원에게 직접적으로 이야기하면 '꼰대'로 받아들여질 것은 의심의 여지가 없고, 꼰대가 되지 않으려 혼자 스트레스 받으며 속을 끓여야 하는 진퇴양난의 상황인 것이다.

실제로 최근에는 일반사원보다 부장/팀장들이 더 늦게 퇴근한다고 한다. 30대 직장인은 저녁 6~7시의 교통카드 사용 데이터가 밤 8~10시 사이에 찍힌 데이터보다 높은 반면, 50대 직장인은 밤 8시 이후 퇴근 비중이 저녁 6시대 퇴근 비중보다 높다는 결과도 나

〈주52시간 근무제 도입 후 '부장/팀장+퇴근' 연관어〉

능력
프로젝트
책상
회식
근로시간
업무
표정
컴퓨터
야근
커피
부장/팀장
스트레스
이직
회의
사무실
서류
퇴근시간
전화
출장
집
키보드
미팅

출처 | Socialmetrics™, 2018.07.01~2018.08.31

왔다.[9] 주52시간 근무제 도입 이후에도 소셜미디어에 나타나는 '부장/팀장들의 퇴근 후'는 업무와 관련된 담론으로 가득 차 있다(75쪽 도표 참조). 그나마 이들은 연령 특성상 업무생활에 대해 소셜미디어에 스스로 말하는 경우가 많지 않기에[10] 사람들이 '부장/팀장'과 '퇴근'을 함께 언급할 때 어떤 이야기를 하는지 살펴본 결과다.

조직을 위해 10년 이상 충성해왔을 그들이 새로운 현실에 적응하는 것이 쉽지 않으리라는 것은 자명하다. 무엇보다도 해가 완벽하게 지지 않은 6시경에 퇴근해야 한다는 것 자체가 어색하기 짝이 없을 것이다. 팀원, 동료들과 야근을 위해 저녁식사 메뉴를 고르거나 회식장소를 고민하던 시간에 자신을 기다리고 있을(?) 가족에게 돌아간다는 사실이 아직은 영 어색하다. 밤 10시 이후에나 잠시 얼굴을 마주하던 아내나 아이들이 그를 격하게 환영할지는 더욱 의문이다. 그렇다고 오랜만에 친구들과 만나자니 누구는 퇴직 후 자영업에 뛰어들어 '회사는 전쟁터였지만 회사 밖은 지옥'이라는 현실을 몸소 체험하고 있고, 누구는 자신과 100% 똑같은 삶을 살고 있을 터이니 가볍게 시작한 한잔이 심란한 미래 걱정으로 끝날 게 분명하다. 혹은 친구라 부를 수 있는 이들이라곤 같은 회사의 동료들뿐이기에 '부장들만의 법인카드 없는 회식'이 되기 일쑤다.

---

9) "야근족 김 부장에게 52시간 근무제란?", MBC News, 2018.5.15.
10) 그들이 소셜미디어를 전혀 이용하지 않는다는 것은 아니지만, 스스로 직급을 밝힐 가능성은 다른 직급에 비해 여전히 낮은 편이다.

〈'아빠+퇴근' 연관어 추이〉

	2018년 1분기		2018년 2분기		2018년 7~8월
1	엄마	1	엄마	1	엄마
2	집	2	집	2	집
3	저녁	3	저녁	3	저녁
...		...		...	
7	아기	7	생각	7	가족
8	시간	8	사진	8	생각
9	생각	9	가족	9	아침
10	주말	10	친구	10	친구
11	아침	11	주말	11	밥
12	맛	12	남편	12	주말
13	퇴근시간	13	밥	13	남편
14	친구	14	일상	14	카페
15	남편	15	출근	15	점심
16	가족	16	기분	16	일상
...		...		...	
28	오빠	28	카페	28	아기
...		...		...	
39	카페	39	부모님	39	날씨
...		...		...	
54	술	54	어린이집	54	맛집
55	이야기	55	금요일	55	맥주
...		...		...	
57	어린이집	57	맥주	57	애기
...		...		...	
62	놀이	62	맛집	62	식사
...		...		...	
75	혼자	75	아가	75	노래
...		...		...	
81	노래	81	혼자	81	빵
...		...		...	
96	인생	96	수업	96	혼자
...		...		...	
105	맥주	105	공부	105	침대
...		...		...	
146	맛집	146	미세먼지	146	물놀이

출처 | Socialmetrics™, 2018.01.01~2018.08.31

야근과 회식 말고 이들이 저녁 6시 이후에 무엇을 해보았을까? 이들에게는 저녁시간의 경험이 부족하다. 남들 따라 운동을 시작해도 건강해지겠다거나 몸짱이 되겠다는 적극적인 목표가 없기 때문에 피트니스 등록비용은 허공으로 날아갈 가능성이 크다. 매일같이 친구들을 만나는 것도 한계가 있고, 무엇보다 법인카드로 해결해버릇하던 술값을 개인카드로 충당하다가는 아내의 불똥이 떨어지는 것은 시간문제다.

부장, 팀장들은 2교시에 대한 대비가 누구보다도 허술하고, 무엇을 할지에 대한 정보 또한 부족하다. 하지만 누구에게는 '그들을 위한 시장' 창출의 기회가 될 것이다.

기회를 찾기 위해 부장, 팀장이라는 키워드를 '아빠'로 바꿔보자. '아빠의 퇴근'으로 유추해보면[11] '아빠'는 '주52시간 근무제' 이후 가족이나 친구와 함께 보내는 시간이 늘어난 것으로 보이며, 특별하게 즐길 수 있는 곳보다는 카페나 맥주, 맛집 등 일상적인 곳에서 보내는 시간이 증가했다.

하지만 앞의 도표에서 보이는 가장 중요한 포인트는 이것이 아닌 것 같다. 이제 아빠는 퇴근 후 '혼자' 있는 존재가 아니다. 부장/팀장들의 2교시가 20~30대 직장인의 2교시만큼 빨리 바뀌지는 못하겠지만, 그럼에도 변화의 방아쇠에 대한 단서는 얻을 수 있을 것이

---

11) 소셜미디어에서 '아빠'를 언급하는 주체는 최소 10대 이상의 자녀일 확률이 높다. 실생활에서 아내가 남편을 '아빠'라 부르기도 하지만, 소셜미디어에서는 '남편'이라는 키워드를 더 높은 빈도로 사용한다.

출발이 늦었다고 반드시 도착도 늦는 것은 아니다.
남들보다 준비기간이 길었을 뿐이다.

다. 그들이 부장님 혹은 팀장님이기 이전에 '아빠'라는 사실을 염두에 둔다면 말이다. 그들의 2교시를 채워주고 싶다면, 반드시 '함께'라는 키워드를 포함시키자.

최근 몇 년간 한국사람들의 '주말'이 라이프스타일 변화에 따라 자발적으로, 서서히 변화했다면 '주중'의 의미는 주52시간 근무제라는 제도 때문에 자의와 상관없이 변화하기 시작했다. 어찌됐든 이미 시행된 제도이고 시작된 변화이므로, 퇴근 후의 일상에 대한 관심과 고민이 지속적으로 커질 것은 충분히 예상 가능하다.

또한 사람들이 내일보다는 오늘, 오늘보다는 순간에 주목하고 있다는 변화 흐름에 당신의 제품/서비스를 올려놓아 보자. 당신이 그들에게 제공하는 가치는 그들의 시간감각에 부합하는가? 순간 혹은 1시간여의 지루하지 않은 행복을 줄 수 있는 것이 무엇일지 고민해보자.

순간을 믿어요

짧은 순간이지만 할애한 시간 이상의 가치 또는 행복을 줄 수 있는 것들을 생각해
보자. 순간의 가치를 지속적으로 즐길 수 있는 다양한 아이템이나 콘텐츠에 대해
고민해보자. 지루하지 않은 순간의 즐거움이 모이면 하루의 즐거움이 된다.

부장님의 '함께 2교시'

모두가 203040의 퇴근 후 2교시를 고민할 때, 상대적 소수이자 정보취약층일 부장
의 퇴근 후 일상을 고민해보자. 그들의 공통 관심사, 혹은 새로운 관심사를 바탕으
로 함께할 수 있는 모임, 행위가 무엇일지 고민하자. 새로운 소비계층의 탄생을 기
대해도 좋지 않을까?

Chapter 3.

매체의
변화 :
유튜브로 랜선 라이프 이예은

유튜브 is 뭔들

〈랜선 라이프〉라는 JTBC 예능 방송이 나왔다. 예전에도 유튜버들이 TV에 진출하는 경우는 있었지만 이렇게 대놓고 유튜버들만 모아놓은 방송은 처음이다. 방송취지는 유튜브 영상에 담겨 있지 않은 유튜버들의 일상을 본다는 것이다.

유튜브 영상 밖 유튜버들의 일상이 일반 한국사람들과 어떻게 다를지는 모르겠지만, 적어도 한국사람들의 일상은 이미 유튜브 없이는 상상하기 어려운 것이 되었다. 어떤 사람들은 '젊은 사람들이나 열심히 보는 것 아니야?'라고 반문할지도 모른다. 이렇게까지 말하지는 않더라도 일하는 기성세대라면 유튜브에 몰려드는 젊은이들의 마음을 어떻게 사로잡을지가 요새 가장 큰 고민거리일 것이다. 사람들은 언제, 어디서, 왜 유튜브를 볼까?

그러나 이런 질문도 곧 무의미해질 것이다. 한국인들은 점점 더 장소나 시간을 가리지 않고 하루 종일 유튜브와 함께하고 있기 때문이다. Z세대는 검색도 유튜브로 할 정도로 모든 것을 유튜브에

〈'유튜브' 연관어 추이〉

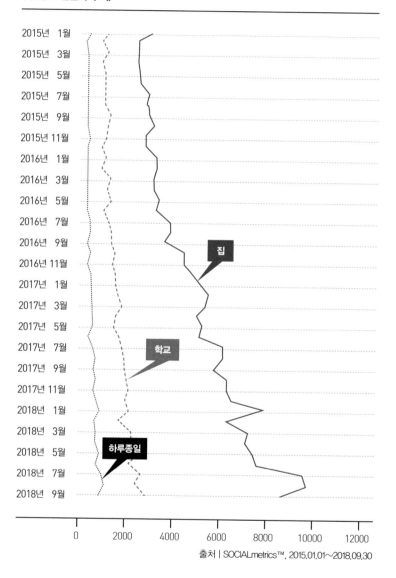

2015년 1월						
2015년 3월						
2015년 5월						
2015년 7월						
2015년 9월						
2015년 11월						
2016년 1월						
2016년 3월						
2016년 5월						
2016년 7월						
2016년 9월			집			
2016년 11월						
2017년 1월						
2017년 3월						
2017년 5월						
2017년 7월		학교				
2017년 9월						
2017년 11월						
2018년 1월						
2018년 3월						
2018년 5월	하루종일					
2018년 7월						
2018년 9월						

0　　2000　　4000　　6000　　8000　　10000　　12000

출처 | SOCIALmetrics™, 2015.01.01~2018.09.30

서 해결한다. Z세대뿐이 아니다. 어쩌면 이것이 유튜브에 대한 기성세대의 가장 큰 오해일 수도 있는데, 유튜브에는 10~20대 Z세대 젊은이들만 모여 있는 게 아니다. 통념에 기대어볼 때, 트렌드 책을 읽는 당신은 Z세대가 아닐 확률이 높을 것이다. 당신이 하루에 몇 번이나 유튜브를 방문하는지, 얼마나 많은 시간을 유튜브에 할애하고 있는지 잠시 생각해보자. 최소한 하루에 몇 번은 유튜브를 보고 있을 것이다.

유튜브에는 방탄소년단의 칼군무나 대도서관의 라이브 겜방(게임방송)만 있는 것이 아니다. 공공장소에서 아이가 보채면 부모들은 '핑크퐁' 채널을 보여주고, 노년의 보수정당 지지자는 유튜브로 '정규재TV' 채널의 뉴스 콘텐츠를 본다. 요새 핫하다는 유튜버가 되기 위해 유튜브에서 유튜브 동영상 만들기 영상을 찾아보는 직장인도 많다. 유튜브에는 동요도, 최신 인기가요도, 흘러간 옛 노래도 모두 있다. 다소 거칠지만 그래도 도움이 되는 자동번역 기능이 있으니 언어의 장벽도 문제없다. 이처럼 시공간을 넘나들며 뭐든 다 할 줄 아는 유튜브에 세대를 넘어 다양한 사람들이 몰려들고 있다.

단, 이들 세대가 유튜브에서 하는 일은 저마다 다르다. 걸음마도 떼지 못한 아이들부터 할머니, 할아버지까지 스마트폰을 든 모든 세대가 함께 들락거리는 공간, 이곳에서 어떤 일이 벌어지고 있을까? 유튜브로 돈 번다는 사람들은 어떤 기막힌 콘텐츠로 돈을 벌고 있을까? 그곳에서 우리가 찾아낼 수 있는 기회가 있다면 무엇일까?

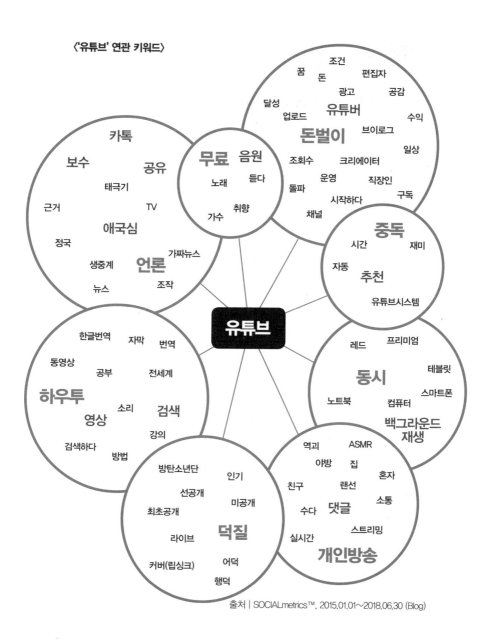

〈'유튜브' 연관 키워드〉

카톡
보수 공유
태극기
근거 TV
정국 애국심
생중계 언론 가짜뉴스
뉴스 조작

무료 음원
노래 듣다
가수 취향

꿈 조건
돈 편집자
달성 광고 공감
업로드 유튜버 수익
돈벌이 브이로그
일상
조회수 크리에이터
돌파 운영 직장인
시작하다 구독
채널

중독
시간 재미
자동
추천
유튜브시스템

유튜브

레드 프리미엄
테블릿
동시 스마트폰
노트북 컴퓨터
백그라운드
재생

한글번역 자막 번역
동영상 공부 전세계
하우투 소리 검색
영상 강의
검색하다 방법

방탄소년단 인기
선공개 미공개
최초공개
덕질
라이브 어덕
커버(립싱크) 행덕

역괴 ASMR
야방 집
친구 랜선 혼자
수다 댓글 소통
실시간 스트리밍
개인방송

출처 | SOCIALmetrics™, 2015.01.01~2018.06.30 (Blog)

진실은 유튜브에 있다?

디지털 시니어, 유튜브에 입문하다

1950~60년대에 태어난 한국의 베이비부머 세대는 흑백 TV를 기억하는 세대다. 이들은 중년에 들어서야 스마트폰을 손에 쥐기 시작했으며, 디지털 시대에 적응하기 위해 여러 가지를 배우고 이해하고자 노력해야 하는 '디지털 시니어'이기도 하다. 그런 만큼 이들에게 유튜브는 다소 거리가 먼 공간이었다. 낮은 데이터 요금제 또한 동영상 콘텐츠 시청을 가로막는 강력한 장벽이었다. 이들은 정보를 검색하거나 뉴스를 볼 때에는 네이버를, 소셜미디어 활동은 카카오톡, 카카오페이지나 밴드를 주로 사용한다. 콘텐츠는 거실에 있는 TV로 보고, 이동 중에는 무료 DMB를 시청했다. 플랫폼의 용도가 뚜렷하게 구분된 이들에게 어디서부터 무엇을 검색해야 할지 모르는 맞춤동영상의 세계는 생소했다.

그러던 이들과 그 윗세대에게 '유튜브'가 각인된 날이 있다. 2017년 1월 25일. 대통령 탄핵안이 가결된 후 모든 언론과의 접촉을 끊고 칩거하던 박근혜 당시 대통령과 〈한국경제〉 주필 정규재의 인터뷰 영상이 유튜브로 공개되었다. '정규재tv - 박 대통령의 육성 반격'이라는 제목의 이 영상은 (2018년 9월 기준) 약 220만 건의 조회수를 기록했으며, 수많은 보수 유튜브 채널 중에서 정규재TV가 부동의 입지를 굳히는 데 결정적인 역할을 했다.

이 인터뷰를 통해 유튜브라는 플랫폼은 디지털 시니어들에게 확실하게 각인되었다. 계속된 촛불집회와 탄핵 정국은 한국의 보수 정당 지지자들을 더욱더 유튜브에 집결시켰다. 때맞춰 보수언론인 '조중동'마저 탄핵에 동조하는 듯한 보도를 하자 이들은 기존 언론이 진실을 왜곡하고 있다며 비난의 목소리를 높였다. 평생 9시 뉴스와 종이신문, 네이버 뉴스만 알던 사람들이 유튜브에 모여들기 시작했다. 유튜브에 가야 '진실'을 볼 수 있다고 생각하기 시작한 것이다. 특히 박근혜 대통령을 열렬히 지지하는 태극기 집회 참가자들은 유튜브 속 보수채널만 시청하고, 그 동영상을 동창 및 가족 카톡방에 열심히 퍼다 날랐다. 더러는 셀카봉에 스마트폰을 달아놓고 태극기 집회를 실시간 중계하는 수고를 무릅쓰며 '진실'을 알리는 데 힘썼다.

진실에서 취향으로

그런데 이러한 모습, 어쩐지 기시감이 느껴지지 않는가? 아이러니하게도 이러한 현상은 보수정권 시절 지상파 방송에서 밀려난 진보언론인이나 XY세대 진보정당 지지자들이 팟캐스트와 유튜브에 몰려들었던 것과 비슷한 모습이다. 이러한 현상은 어느 시대에나 지속적으로 있어왔다. 자신의 취향이나 생각과 배치되는 담론이 지배하는 주류질서에 저항하며 자신들만의 하위문화를 만들어낸 것이다.

온갖 추측성 가십 기사와 가짜뉴스가 판치고 있다는 점은 분명 사회적으로 큰 문제일 수 있다. 하지만 다시 생각해보자. 사람들은 정말 진실을 찾고 있는 걸까? 과거와 달리 이제 우리는 내 취향에 꼭 들어맞는 콘텐츠를 얼마든지 찾을 수 있으며, 전 세계에 나와 비슷한 취향과 생각을 가진 사람들의 숫자를 '구독자수'로 직접 확인할 수 있다. 주류 미디어에서 모두를 위해 큐레이션한 단일한 공간에 존재했던 사람들은 이제 자신의 취향에 맞는 콘텐츠로만 큐레이션한 세상에 살고 있다. 나와 맞지 않는 채널은 보지 않으면 그만이다.

그러면서 우리는 점점 더 나와 같은 생각을 하는 사람들하고만 연결된다. 네이버 뉴스 댓글은 점점 더 보수적 색채를 띠어가고, 반대로 트위터는 진보적 성향이 주류다. 나의 취향에 딱 맞춘 유튜브 메인화면을 보다 보면 세상에 온통 나와 비슷한 사람들만 있는 것 같다. 이렇게 우리는 같은 하늘 아래 다른 세상을 살아가고 있는지도 모른다.

디지털 시니어들의 유튜브 라이프 또한 다르지 않다. 이들의 취향은 정치성향 외에도 다양하게 발현된다. 그중 하나가 음악이다. 많은 시니어들이 무료 음악감상 채널로 유튜브를 활용한다. 각종 트로트 음원 영상, 7080 노래 영상 등의 조회수는 수십만 회를 거뜬히 넘긴다.

음악 못지않게 사랑받는 콘텐츠는 '좋은글'이다. 인터넷 포털의 중장년 카페 어디에나 꼭 있는 게시판이 바로 '좋은 글 나눔'이다. 누가 언제 만들었는지 알 수 없지만 게시판에는 아름다운 자연을 배경으로 '위로의 말 10가지', '중년의 슬픈 사랑', '여생을 아름답게 사는 법' 등 위트와 감동, 그리고 삶의 교훈을 주는 '좋은 글'들이 형형색색의 플래시 애니메이션으로 제작돼 올라온다.

지금 유튜브에 가서 '좋은 글'이라고 검색해보자. 각 카페 게시판을 통해 퍼져나가던 '좋은 글'의 유튜브 버전을 볼 수 있을 것이다. 구독자가 100명도 되지 않는 채널의 영상도 조회수는 몇 백, 몇 천, 몇 만을 헤아린다. '좋은 글'뿐 아니라 시니어들이 애용하는 음악 채널도 조회수에 비해 구독자수가 유독 적다. 대개의 유튜브 채널이 구독자수와 조회수가 크게 차이나지 않는 것과 대비된다. 디지털 시니어들은 동영상 콘텐츠를 '구독'하는 데 익숙지 않다. 직접 유튜브에 접속해 좋은 글을 찾아보면서 자신이 좋아하는 채널의 구독자가 되고 새로운 영상이 올라오면 알람이 울리도록 설정하는 것이 아니라는 의미다.

그렇다면 어떻게 그렇게 많은 조회수가 나올까? 예전에는 '좋은 글' 플래시 영상이 중장년 카페에서 공유되었다면, 지금은 중장년이 많이 모인 단체카톡방, 동창들이 모인 밴드를 통해 유통되고 있다. 즉 자신이 직접 검색해서 구독하는 것이 아니라, 자신도 모르는 사이에 카톡과 밴드를 통해 유튜브로 유입되고 있는 것이다. 물론 한 개의 영상을 보면 비슷한 영상을 계속해서 추천해주기 때문에 한번 유튜브에 들어오면 나가기가 매우 어려운 것은 젊은이나 나이든 이나 매한가지다.

이렇게 자의로든 타의로든 많은 중년들이 유튜브에 모여들고 있다. 그러나 아직 중년들의 다양한 취향을 충족시켜줄 채널이나 크리에이터는 부족한 실정. 그에 따라 디지털 시니어들은 여전히 TV에서 해주는 드라마와 예능을 즐긴다. 그에 따라 TV도 점점 올드해지고 있다. TV에 머무는 이들이 나이 들고 있기 때문이다. 특히 종편 프로그램은 아예 대놓고 소리를 지르는데, 패널들의 성격 문제라기보다는 청각능력이 떨어지는 시청자들을 고려해서 그렇게 한다.

앞으로 디지털 시니어들의 관심과 사랑을 받을 유튜버는 누가 될까? 콘텐츠는 물론 기존 예능 프로그램에서 활약하면서 인지도도 있는 의사 홍혜걸, 강사 김미경은 이미 안정적으로 채널을 운영할 정도로 구독자가 생겼다. 인지도가 높지 않으면 어떻게 하느냐고? 너무 걱정할 필요는 없다. 기존의 중년 카페에서 주도적 역할을 했던 콘텐츠만 있다면 일반인에게도 기회가 있다. 당신이 등산 마니아, 건강기능식품 마니아, 자연식 마니아, 자연풍경 마니아라면 아직은 경쟁이 적은 중장년 콘텐츠로 성장할 가능성이 무궁무진하다. 특히 외모를 가꾸는 데 점점 더 열심인 중년 여성층의 마음을 사로잡을 뷰티 콘텐츠가 있다면 주저 말고 시도해볼 것.

혼자인 듯 혼자 아닌 실시간 방송

한국에 거주하는 사람 중 혼자 사는 사람은 이미 전체 인구의 30%에 육박한다. '혼자'라는 것은 더 이상 관계가 결핍된 상태가 아니라 오히려 선택이라는 인식이 보편화되고 있다. 시간과 자원을 나만을 위해 쓰면서 만족을 느낄 수 있는 최적의 환경에 가까워졌다. '혼자 계획 없이 훌쩍 떠나는 여행'은 여유의 상징이 되었다.

반대로 '같이'는 종종 불편함과 피곤함의 원인으로 지목되고 있다. 사실 한국사회에서 누군가와 '같이' 한다는 것은 상당한 자기희생적 관계를 바탕으로 한다. 특히 젊은이들은 부모세대가 자녀와 가족, 친구, 지인들을 위해 자신의 꿈과 소유를 일상적으로 희생하고 포기해온 모습을 보면서 자랐다. 같이 살려면 부모처럼 포기하고 희생해야 할 터이므로, 자신은 같이 있기를 포기하겠다고 선언하기도 한다. '같이'의 절대적 가치를 강조하던 기존의 엄격한 문화적 규범을 거부하고 관계의 효율과 손익을 따져보는 이들이 늘어나고 있다. '같이'와 '혼자'를 적절히 배치시키고 때로는 같이, 때로는 혼자 시간과 자원을 쓰면서 타인과의 관계를 만드는 방법을 찾지 못한 채, 양극단 중 한쪽 가치만 선택하는 것이다.

균형이 깨진 극단의 '혼자'가 마냥 좋을 수는 없다. 혼자라는 것에는 그 나름의 불편함과 쓸쓸함, 두려움이 따른다. 혼자 음식을 만들어 먹으면 버리는 식재료가 더 많고, 몸이 아플 때 돌봐줄 사람도 없다. 셰어하우스 등 기존의 사회적 관계나 주거방식에서 벗어나 새로운 방식의 '같이'를 고민하는 이유이기도 하다.

하지만 '이것'과 함께라면 혼자만의 시간도 두렵지 않다. 바로 '유튜브'다. 만약 당신이 혼밥을 먹어야 하는데 스마트폰 데이터가 떨어졌다면? 생각만 해도 끔찍하지 않은가?

〈'혼자', '같이' 연관어〉

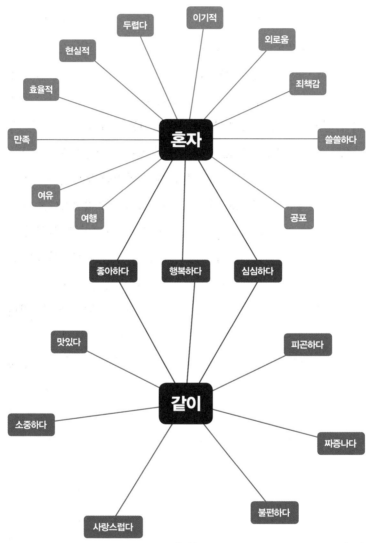

출처 | Socialmetrics™, 2015.01.01~2018.06.30 (Blog)

"유튜브 업스면 혼밥할 때 넘 심심행요…"

"혼밥하러 왓느네 분식집에 와파가 안 돼 유튜브 보면서 맥을라 그햇
는댕ㅜ"

"가장 죽고 싶을 때 : 와이파이가 안 돼서 혼밥 먹으면서 유튜브 못 볼
때"

　　경기도 부천의 한 고깃집 테이블은 사무실 큐비클처럼 생겼다.
그리고 칸칸마다 10인치가 넘는 태블릿이 달려 있다. 혼밥족이 고
기를 구워 먹으며 원하는 콘텐츠를 볼 수 있도록 한 것이다. 이렇게
무언가 열중할 대상이 생기면 혼자라는 조건은 같이보다 훨씬 만

〈'혼자' vs. '같이' vs. '유튜브+혼자' 긍부정 비교〉

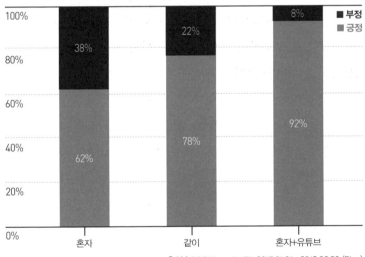

출처 | SOCIALmetrics™, 2015.01.01~2018.06.30 (Blog)

족스러워진다.

예전에는 온 가족이 거실에 모여 정해진 시간에 하는 TV 프로그램을 함께 보았다. 같은 시간에 각자 원하는 채널이 다를 때는 타협과 협의가 필요했다. 리모컨을 쥔 자가 곧 그 집안의 실세로 드러나는 순간이기도 했다. 하지만 더 이상 그럴 일은 없다. 이제는 각자의 스크린이 있으니, 자기가 원하는 시간에 원하는 장소에서 원하는 콘텐츠를 볼 수 있다. 그중에서도 유튜브는 시공간의 제약을 쉽게 넘나드는 특유의 매력으로 '혼자'의 무료함과 쓸쓸함을 달래줄 최고의 친구가 되었다.

이제는 혼자 유튜브를 보고 있다고 해서 그 사람이 외톨이라는 착각은 하지 말아야 한다. 누구나 자신이 좋아하는 것에 대해 사람들과 대화하고 싶어 하며, 취향이 비슷한 사람과의 소통을 즐거워한다. 유튜브 구독자도 다를 바 없다. 이들의 친구는 유튜브 콘텐츠, 그리고 채널을 같이 보는 이들이다. 특히 유튜버가 실시간으로 진행하는 '라이브 방송'을 볼 때면 적게는 몇 명에서 많게는 수십만 명이 채팅을 하며 함께한다. 베이비부머 세대가 라디오에 사연 엽서를 보냈듯이 유튜브 세대는 실시간 인터넷 방송에 채팅을 날린다. 그 옛날 진행자의 손에 쉽게 잡히기 위해 엽서 가장자리에 두꺼운 종이를 덧대고 예쁘게 꾸미는 데 열심을 다했다면, 이제 유튜브 시청자들은 돈을 지불하고 슈퍼챗(아프리카TV의 별풍선 같은 것이다)을 날려 내 글만 화려하고 크게 부각시킨다. 그래서 유튜버 혹은

BJ에게 실시간 댓글은 그 자체로 콘텐츠의 소재이자 가장 좋은 돈벌이 수단이 된다. 게임방송을 하는 중간중간에 댓글에도 재치 있게 반응해주는 BJ가 게임 잘하는 BJ보다 더 많은 돈을 버는 곳이 이곳 유튜브를 비롯한 인터넷 방송 세계다.

따라서 인터넷 실시간 방송에서는 친밀한 소통이 매우 중요하다. 인터넷 실시간 방송은 짜인 각본이 없(어 보이)고 카메라 앵글도 기존 TV 방송보다 훨씬 가깝다. 마블의 스파이더맨 톰 홀랜드의 페이스북 라이브 방송도, 방탄소년단의 콘서트 직후 라이브 방송도, 내가 그 공간에서 그와 함께 마주 앉아 있는 것 같은 친밀함을 어필한다. 친밀함의 끝판왕으로 아이돌 실시간 방송의 인기 포맷인 '눕방'이 있다. 말 그대로 누워서 하는 방송으로, 밤 11시쯤 시작된다.

〈'눕방' 연관어 순위〉

1	브이앱	11	목소리
2	라이브	12	11시
3	눕방라이브	13	귀엽다
4	눕다	14	자다
5	보다	15	오빠
6	노래	16	캡처
7	이경규	17	마리텔
8	첸백시	18	좋다
9	멤버	19	세븐틴
10	모습	20	침대

출처 | SOCIALmetrics™, 2015.01.01~2018.06.30

나도 침대에 누워서 시청하노라면 마치 오빠랑 같이 잠드는 것 같은 느낌을 받을 수 있는 덕질의 완성형 방송이다. 앞으로 VR 기술이 더 발달하면 내 방에서 오빠를 만날 수 있게 될지도 모른다.

이처럼 혼자 있지만 같이 있을 수 있는 유튜브는 혼자의 효율이 필요한 순간에 매우 매력적이다.

랜선 친구, 랜선 가족과 함께하는 랜선 라이프

유튜브는 혼밥을 할 때에만 유용한 것이 아니다. 유튜브 라이브는 공부 효율도 높여준다. 집에서 공부하려고 책상에 앉아보지만 컴퓨터, 휴대폰, 침대 등 나의 집중력과 시간을 넘보는 유혹이 도처에 있다. 나의 성적을 관리해주는 열성 엄마도 없는 자취생이라면 이렇게 수많은 유혹을 홀로 극복해내기가 여간 어려운 일이 아니다. 그렇다고 친구와 함께 공부하려니 시간 맞추기도 어렵고 오히려 서로 방해가 되기도 한다. 대안으로 최근에는 독서실이나 카페에서 공부하는 사람들도 많이 늘었다. 책을 잔뜩 펼쳐놓고 인터넷 쇼핑을 즐기다가 옆 사람의 시선을 느꼈을 때의 민망함 때문에라도 집에서 혼자 공부할 때보다는 좀 더 열중하게 되는 것도 사실이다. 하지만 독서실은 공시생이 넘치고 카페는 효율이 떨어진다. 이동시간과 비용을 고려해야 하고, 밥을 먹으러 자리를 비웠다 돌아오면 음료를 다시 주문해야 해서 비용이 또 늘어난다. 카페 마감시간이 되면 한창 공부에 열이 올랐다가 흐름이 끊긴다.

그럴 때 유튜브 라이브 방송 '스터디위드미'는 퍽 유용하다. 열심히 공부하는 내 모습을 누군가에게 보여주거나 공부하고 있는 누군가를 보면서 공부하면 내 방에서도 마치 독서실에 있는 듯한, 카페에 있는 듯한 느낌을 받을 수 있다. 화면 속에서 열공하는 사람이 예쁘고 잘생기면 더 좋다. 공부 외에도 브이로그('비디오+로그', 기록 블로그의 비디오 버전)를 구독하면 학교 소풍 날, 대학 축제, 휴일 맛집 탐방, 퇴근길 편의점 탐방 등 다양한 일들을 함께할 수 있다.

유튜브 뷰티크리에이터들이 많이 하는 '겟레디위드미(GRWM)'는 말 그대로 함께 어떤 것을 준비하는 것이다. 면접, 데이트, 출근 준비를 하는 영상 속 유튜버는 열심히 준비과정을 설명하기도 하지만 조용히 자기 할 일만 하기도 한다. GRWM을 단순히 메이크업 설명이라고 보면 안 된다. 이들은 데이트나 졸업식 날의 설렘, 면접을 앞둔 떨림 등 일상 혹은 특별한 날을 준비하며 느끼는 다양한 감정을 공유하고 소통한다. 영상을 보는 이들도 외출을 준비하며 화면 속 유튜버의 상황과 말에 공감한다. 혼자 준비하고 있지만 혼자가 아니라는 느낌을 받는 것이다.

이렇게 브이로거(브이로그를 하는 사람)나 유튜브 크리에이터는 친구가 필요한 순간에 뿅 하고 나타났다가 다시 사라지는 랜선 친구가 된다. 이들은 TV처럼 방송시간을 엄격히 지키지도 않지만 큰 문제가 되지 않는다. BJ와 시청자들 사이에 대략 몇 시부터 몇 시간 동안 방송한다는 암묵적 이해가 있는 데다, 결정적으로 이들은 단순히 예능을 소비하듯 방송을 '시청'하는 것이 아니라 함께 모여 '노는' 것이기 때문이다. 매일 밤 적게는 몇 명, 많게는 수십만 명의 시청자를 끌어모으는 동인은 그들이 공유하는 취향이다. "그 BJ에 그 시청자"라는 말이 있다. 결국 비슷한 취향과 성향을 가진 이들이 한 채널로 모여든다는 말이다. 이들의 관계는 그 시간, 그 공간에서 만들어졌다 휘발되기를 반복한다.

최근에는 친구를 넘어 랜선 아빠도 등장했다. 같이 사는 나의 진짜 아빠는 이해하지 못하는 부분을 공감해주고 따뜻한 위로의 말을 건네는 '아빠 ASMR' 채널에는 이런 댓글이 많이 달린다.

"아빠 영상 잘보고 있어요. 정말 우리 아빠가 저한테 톡이나 말로 하시는 것을 그대로 여기서 보고 들을 수 있어 좋아요. 아빠 화이팅!!!"
"사실 제가 아버지와 어머니가 이혼을 한 가정입니다. 거의 3달 정도에 한 번씩 보는데 요즘은 잘 보지도 못하고 있습니다. 이걸 보다가 갑자기 눈물이 울컥하고 나왔습니다. 한 집에 살 때 좀 더 잘해드릴걸 하는 마음만 남습니다."
"하 아부지 ㅠㅠ 힐링이 필요해서 찾아왔어요, 내일 중입 배정받는데 너무 떨려요 원하는 곳 가고 싶네요ㅠㅠ… 뭐 여튼 지금 너무 떨리는데 아빠 영상 보고 맘 편히 푹 자야겠어요 좋은 영상 감사합니다 ♥"
"와… 썸네일에 1966 써 있어서 깨달았는데 저희 아버지랑 연세가 같았네요… 진정한 아부지……ㅜㅜ 오늘 영상도 잘 볼게요!!"

왜 집에 멀쩡히 계시는 아버지를 놔두고 아빠 ASMR을 듣고 있는 걸까? 혼자 있을 때의 외로움을 해소하면서 함께 있을 때의 불편함도 피할 수 있기 때문이다. 집에 계신 아빠는 지지하고 응원만 하는 아빠가 아니다. 내게 재제를 가하기도 하고 자녀로서의 의무와 책임을 요구하기도 하는 애증의 관계다. 아빠에게 위로를 얻고 싶어서 섣불리 대화를 시도했다가 그 대화가 어디로 흘러갈지는 아무도 모르는 일이다. 거기다 애정표현에 서툰 베이비부머를 아버지로 두었다면 위로보다는 훈계가 돌아올 확률이 높다.

이렇게 하루 종일 랜선 라이프를 즐기는 어린 친구들은 랜선 친구들과 만나고 랜선 가족과 소통하며 일상을 만들어간다. 혹자는 이렇게 일시적으로 연결됐다가 사라지는 관계, 오프라인으로 이어지지 않는 관계, 좋은 것만 취하고 버리는 이기적인 관계가 어떻게 친구냐며 반문할지도 모른다. 기성세대에게 '진정한 관계'란 오프라인에서 얼굴을 맞대고 대화하는 관계일 것이다. 하지만 젊은이들에게 유튜버는 때로는 가족보다 더 친밀하고 나를 잘 이해해주는 사람이며, 혼자 또는 같이라는 양자택일보다 훨씬 이득이 되는 효율적 관계다.

투잡 로망의 실현, 직장인 브이로그

유튜브로 투잡

저성장 시대에 들어선 대한민국에서 공부 잘해서 좋은 대학 나와 성공하는 과거의 공식은 더 이상 통하지 않는다. 바늘구멍 같은

〈'투잡' 언급 추이〉

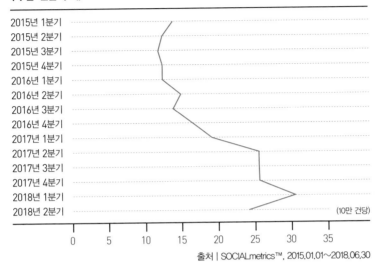

2015년 1분기
2015년 2분기
2015년 3분기
2015년 4분기
2016년 1분기
2016년 2분기
2016년 3분기
2016년 4분기
2017년 1분기
2017년 2분기
2017년 3분기
2017년 4분기
2018년 1분기
2018년 2분기

(10만 건당)

0   5   10   15   20   25   30   35

출처 | SOCIALmetrics™, 2015.01.01~2018.06.30

〈'유튜버+수익' 언급 추이〉

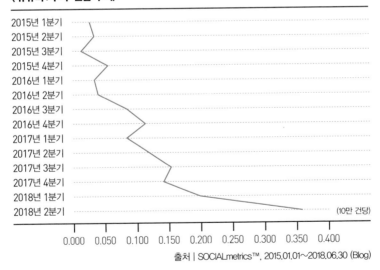

2015년 1분기
2015년 2분기
2015년 3분기
2015년 4분기
2016년 1분기
2016년 2분기
2016년 3분기
2016년 4분기
2017년 1분기
2017년 2분기
2017년 3분기
2017년 4분기
2018년 1분기
2018년 2분기

(10만 건당)

0.000   0.050   0.100   0.150   0.200   0.250   0.300   0.350   0.400

출처 | SOCIALmetrics™, 2015.01.01~2018.06.30 (Blog)

대학입시를 거쳐 그보다 더 좁은 취업문을 통과해서 얻은 직장이 건만, 매월 통장에 들어오는 돈은 왜 그리 적어 보이는지. 그렇다고 '퇴사'는 리스크가 너무 크다. 좀 더 안전하게 경제적 여유를 얻을 수는 없을까. 마침 주52시간 근무제가 시행되었다. 저녁의 남는 시간을 활용해 소소한 용돈벌이라도 할 수 있는 세컨드 잡을 해야 할 때다.

이러한 상황에서 어느 인기 유튜버의 수익이 십수억 원에 달한다는 소식은 수많은 사람들의 이목을 집중시키기에 충분했다. 당장 유튜버 되는 법에 대한 관심이 폭증했다. 성공한 유튜버들이 처음에는 회사를 그만두지 않고 자투리 시간을 활용했다고 증언하니 더 구미가 당긴다. 그중에서도 자신의 일상을 찍어 올리는 브이로그는 블로그 등 소셜미디어 활동을 하던 경험과 노하우를 살려 도전해볼 만한 것처럼 보인다. 이미 회사원 브이로거들이 회사에서 일하는 모습, 점심 먹는 모습, 퇴근하는 모습 등을 담은 콘텐츠로 한 달에 수백만 원을 벌고 있다니, 얼마나 획기적인가?

유튜브 크리에이터가 되는 것은 비트코인, 연예인과 함께 현시대 몇 가지 안 남은 '흙수저 탈출 기회'로 회자되고 있다. 유튜버로 성공하는 데에는 기존의 성공공식이 필요 없다. 어느 대학을 나왔는가, 어떤 소속사의 오디션을 통과했는가는 중요하지 않다. 나의 꿈과 재능에 투자해줄 시청자와 직접 소통할 수 있게 되었기 때문이다. 배우 공채 시스템이 없어졌듯 이제 개그맨 공채도 유명무실해졌다. 공채에 통과한 개그맨들은 개그 프로그램이 폐지되어 방황하

〈'넷플릭스'와 '유튜브' 연관 디바이스 언급 비중〉

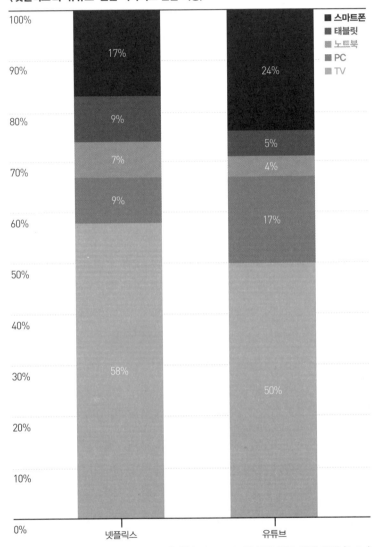

출처 | SOCIALmetrics™, 2015.01.01~2018.06.30 (Twitter)

다 유튜브에 정착했다. 유명 기획사가 뒷받침해주지 않아도 구독자 1000만 명을 자랑하는 제이플라처럼 글로벌 스타로 자리 잡을 수 있다. 방송사와 기획사가 가지고 있던 '캐스팅'이라는 권력은 이제 시청자에게로 넘어왔다. 누가 스타가 될 것인지 결정하는 것은 전문가가 아니라 국민프로듀서의 몫이 되었다.

넷플릭스는 BIG SCREEN, 유튜브는 small screen

그렇다면 유튜버가 기존의 콘텐츠와 엔터테인먼트를 모두 대체하게 되는 것일까? 사람들은 더 이상 영화 속 배우의 연기를 즐기지 않고, 기존 시스템에서 만들어진 가수의 노래와 춤을 즐기지 않게 되는 것인가?

그렇지 않다. 개인 크리에이터 중심의 유튜브 콘텐츠는 수천억 원을 쏟아붓는 넷플릭스의 콘텐츠 혹은 기존 체계의 드라마나 영화와는 성격 자체가 다르기 때문이다. 단적으로 사람들은 유튜브는 태블릿과 스마트폰으로, 넷플릭스는 TV와 PC, 노트북으로 본다.

멀티 디바이스 시대다. 유튜브 유저들은 유튜브만 보는 게 아니다. 게임을 즐기면서, 노래를 들으면서, 밥을 먹으면서 동시에 유튜브를 본다. 그래서 백그라운드 재생이 중요하다. 백그라운드 재생은 음악감상 기능만 하는 것이 아니다. 보지는 않지만 혼자의 적막함이 싫어 습관적으로 틀어놓는 TV처럼, 백그라운드에서 항상 돌아가는 저관여(low engagement) 콘텐츠라는 것이다. 멀티디바이스 시대에 유튜브는 중요한 스크린 자리 하나를 차지한다. 반대로 넷플릭스로 대표되는 하이퀄리티 콘텐츠는 모든 환경을 완벽하게 갖추고 경건하게 보는 싱글 스크린이다. (물론 드라마를 수십 번 돌려보는 이들은 넷플릭스를 백그라운드로 활용하기도 한다.) 마찬가지로 영화는 단순히 보는 콘텐츠가 아니라, 영화관에 가서 즐기는 경험으로의 가치가 있다.

1인 유튜브 크리에이터가 넷플릭스나 HBO처럼 대자본을 들인 콘텐츠의 웅장함과 스케일 혹은 완벽함에 도전해서 살아남을 가능성은 없다. 대신 유튜브에서는 유머와 진정성에 올인해야 한다. 자신의 지저분한 방구석을 대중에게 보여줄 용기와 이를 웃음과 공감으로 승화할 수 있는 유머감각, 잡티 하나 없는 완벽한 연예인이 아니라 얼굴 가득한 여드름 흉터를 보여줄 수 있는 용기와 이를 완벽하게 가리는 꿀팁 노하우를 가진 크리에이터가 필요하다. 혹은 자신이 좋아하는 콘텐츠를 끝까지 파고드는 덕질력을 갖춘 이들이 필요하다.

예쁘고 귀여운 건 노잼, 웃기면 꿀잼!

인스타 감성에서 유튜브 감성으로

최근 몇 년간 소셜미디어를 가득 채운 것은 '인스타 감성'이었다. 네이버의 감성이 유용함이라면 인스타의 감성은 예쁘고 느낌 있는 것이다. 이처럼 채널마다 감성이 다르다면, 유튜브에서는 어

예쁘고 귀여운 것에 지친 사람들은
이제 유튜브의 재미있고 웃긴 영상을 찾기 시작했다.

〈유튜브 연관 감성어 추이〉

	2015년		2016년		2017년		2018년(~6월)
1	좋아하다	1	좋아하다	1	좋아하다	1	좋아하다
2	재미있다	2	재미있다	2	재미있다	2	재미있다
3	웃기다	3	웃기다	3	웃기다	3	웃기다
4	예쁘다	4	예쁘다	4	다양하다	4	따라하다
5	보고싶다	5	도움되다	5	유명하다	5	유명하다
6	유명하다	6	잘하다	6	예쁘다	6	도움되다
7	귀엽다	7	새롭다	7	구매하다	7	예쁘다
8	도움되다	8	궁금하다	8	이상하다	8	다양하다
9	심심하다	9	이상하다	9	따라하다	9	잘하다
10	잘하다	10	따라하다	10	즐기다	10	귀엽다
11	이상하다	11	크다	11	잘되다	11	추천하다
12	대단하다	12	귀엽다	12	귀엽다	12	이상하다
13	따라하다	13	유명하다	13	도움되다	13	구매하다
14	멋있다	14	보고싶다	14	크다	14	신기하다
15	신기하다	15	즐기다	15	추천하다	15	괜찮다

출처 | Socialmetrics™, 2015.01.01~2018.06.30 (Communities)

떤 감성이 중요할까?

블로그 맛집 정보에 속다 못한 사람들은 '오빠랑+지역명+맛집'을 검색해서 진정성 있는 리뷰를 찾아 헤맸다. 행복하고 즐거운 일상만 선별해서 올리는 페이스북 게시물이 개인의 행복과 정신건강에 부정적인 영향을 미친다는 것은 잘 알려진 사실이다. 상대적 박탈감을 느끼게 하기는 인스타그램도 더하면 더했지 결코 덜하지 않다. 인스타그램은 예쁘고, 귀엽고, 핫한 것들을 자랑하는 이들을 보면서 부러워하는 곳이다.

유튜브는 어떤가. 유튜브의 브이로그는 심심할 때 소소하게 공감하며 즐기는 곳이다. 인스타그램에서 연예인급의 럭셔리하고 화려한 일상을 보았다면 유튜브에서는 나와 비슷한 이들의 솔직한 일상을 보며 공감한다. 예쁘고 귀여운 것에 지친 사람들이 이제 유튜브의 재미있고 웃긴 영상을 찾기 시작했다. 동일인물이라도 인스타그램과 유튜브에 나오는 모습은 확연히 다르다. 모델 김나영의 인스타그램에는 파리 패션위크 때 셀럽들과 함께 명품 패션쇼를 즐기고 있는 사진이 올라온다면, 그녀의 유튜브 채널인 '노필터TV'에는 다음 날 후줄근한 차림으로 막 잠에서 깨어난 민낯이 올라온다.

유튜브 광고, 콘텐츠가 되다

예전에는 '꽃보다남자' 광고에서 연예인보다 잘난 외모와 피부를 자랑하던 안정환이 있었다면, 지금은 캐논 광고에서 이을용의 '을용타'를 맞고 쓰러지는 예능아재가 있다. 10년 전 송혜교를 모델로 귀엽고 예쁜 이미지를 강조하던 에뛰드는 마동석을 모델로 기용해 반전 재미를 선사했다. 선망의 대상이던 연예인들이 왜 유독 유튜브 광고에서는 망가질까?

5초 안에 '스킵' 당하지 않기 위해서다.

유튜브 광고가 기존의 광고와 가장 크게 다른 점은 광고가 아니라 '콘텐츠'라는 것이다. TV로 광고를 보던 시절에는 좋든 싫든 광고를 끝까지 다 봐야 했다. 그때 광고모델들은 하나같이 완벽한 외모와 말, 차림새 등으로 환상적인 아름다움을 강조했다. 그러다 2012년 아날로그 방송이 종료되고 디지털 화면으로 방송을 보게 되었을 때, 사람들은 비로소 드러난 스타들의 피부 결점에 놀랐다. 일례로 이효리의 한관종은 〈힐링캠프〉 방영 다음 날 큰 이슈가 되었다. 연예인의 모습이 생각보다 완벽하지도 화려하지도 않음을 확인한 것이다.

광고 없는 세상이 온다?

엠블랙의 지오나 강은비는 연예인으로서는 특별히 눈에 띄거나 성공하지는 못했다. 그러나 아프리카TV에서는 엄청난 스타 BJ다. 아프리카TV에서 가져가는 수수료를 제하고도 이들은 일주일에 수천만 원씩 벌어들인다. '초딩 유튜버' 마이린은 2018년 새해 첫날 진행한 라이브 방송에서 많은 세뱃돈을 받았다. "잘 보고 있어요"라는 인사와 함께 이제까지 나를 즐겁게 해준 보상으로 시청자들이 직접 지불한 것이다. 크리에이터가 돈을 많이 벌기 바라는 애청

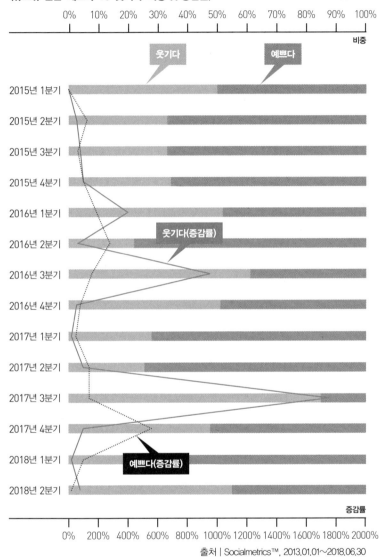

〈유트뷰 연관 '예쁘다' vs '웃기다' 비중 및 증감률〉

출처 | Socialmetrics™, 2013.01.01~2018.06.30

세태의 변화

자들은 광고를 건너뛰지 않고 일부러 열심히 봐준다.

 이러한 시스템의 변화가 가져온 또 하나의 변화는 바로 광고다. 넷플릭스는 홈페이지에 넷플릭스 영상을 보다가 광고가 나온다면 당신의 디바이스가 바이러스에 감염된 것이라고 친절하게 설명해 놓았다. 나아가 사람들은 광고가 귀찮은 나머지 이제 광고를 안 보는 대가로 돈을 내기 시작했다. 바로 유튜브 프리미엄. '광고 없는 콘텐츠'가 한 달 7.99달러짜리 상품이 된 것이다. 유튜브는 크리에이터에게 유튜브 프리미엄 수익을 더 많이 분배해 시청자들이 광고를 보지 않아도 크리에이터가 수익을 올릴 수 있도록 했다.

 사람들은 더 이상 콘텐츠를 보는 대가로 시간을 내어주지 않는다. 시간 대신 차라리 비용 지불을 선택한다. 이제 콘텐츠는 그 자체로 돈을 지불하는 상품이 되었다. 그렇다면 '돈질' 조차 할 수 없는 광고는 어떻게 살아남아야 할까? 광고는 반대로 '콘텐츠'가 되어야 사람들의 시선을 받을 수 있다. 사람들은 보정되고 정제된 광고화면을 더 이상 믿지도, 즐기지도 않는다. 실제 제품이 사용되는 장면을 직접 눈으로 보고 간접적으로 경험하기를 원한다. 예쁘고 귀엽고 완벽한 콘텐츠 말고, 재미있고 흥미로운 콘텐츠가 되어야 한다. 그렇지 않으면 바로 스킵 버튼으로 거절당하게 될 것이다.

"이제 광고는 정액제를 사용할 수 없는
가난한 사람들만 내는 세금이 될 것이다."
—스콧 갤러웨이, 뉴욕대 스턴경영대학원 교수

미디어 지각변동에 대처하는 자세

유튜브로 한글을 배우는 세 살짜리 어린이에서부터 지상파 뉴스 대신 '조갑제TV'를 즐겨보는 디지털 시니어까지, 이제 유튜브는 한국인들의 일상에 없어서는 안 되는 것이 되었다. 이러한 미디어 지각변동에 당신은 어떻게 대처할 것인가?

가장 먼저 고정관념을 깨는 것부터 시작해보자. 당신이 젊은 세대에 속한다면 가짜뉴스는 나이 든 사람들만 보는 것이라는 고정관념, 유튜브는 젊은 사람들만 보는 것이라는 고정관념을 내려놓고 디지털 시니어들이 무엇을 원하고 있는지 진지하게 고민해보자. 반대로 당신이 나이 든 세대에 속한다면 직접 얼굴 보고 만나야 친구라는 고정관념, 광고는 제품이나 브랜드의 좋은 면만 부각시킨다는 고정관념, 젊은 사람들은 혼자 있기 좋아한다는 고정관념을 내려놓고 유튜브로 모든 것을 해결하는 랜선 라이프를 즐기는 이들에게 한 발짝 다가가 보자. 새로운 변화의 기점에서 기회를 포착할 수 있을 것이다.

디지털 시니어에 주목하라

모두가 밀레니얼 세대와 Z세대가 원하는 콘텐츠에 주목할 때 디지털 시니어들에게로 눈을 돌려보자. 정치적 성향이 맞는 채널과 콘텐츠를 찾아 들어온 이들의 '진실 찾기'는 이제 '취향 찾기'로 이어지고 있다. 건강, 살림, 패션, 뷰티, 운동, 자연, 일상, 자녀교육, 관계 등 주제는 다양하다. 또한 카톡으로 영상을 공유하는 데 더 익숙한 이들에게 구독자 되는 법, '좋아요' 누르는 법, 댓글 남기는 법을 친절하게 알려주어야 한다. 나아가 유튜브로 직접 유입되도록 하는 방법도 고려해보자.

혼자지만 혼자가 아니다

당신이 마케터라면 젊은이들이 개인주의적, 이기적이라는 생각 그리고 혼자를 좋아한다는 생각에서 벗어나자. 이들은 혼자를 좋아하는 것이 아니라 혼자 +1/같이 −1을 원한다. 혼자일 때의 불편함, 같이 있을 때의 불편함을 공감하고 해결해주는 것이 중요하다.

예쁨이나 귀여움이 아니라 유머와 진정성이다

인스타그램에는 인스타그램만의 감성이 있듯 유튜브에도 유튜브만의 감성이 있다. 완벽함, 진지함, 자랑질을 내려놓고 솔직함과 망가짐을 두려워하지 말자. 브랜드, 상품의 좋은 면만 부각하는 데 집착하기보다 사람들의 솔직한 이야기를 듣고 이에 직접 반응할 수 있는 용기를 내보자. 진정성이 있다면 사람들은 공감할 것이다. 단, 지나친 자아비판이나 자기비하는 금물.

광고가 아니라 콘텐츠다

할 것도 많고 볼 것도 많은 이 시대에 사람들은 재미도 없고 감동도 없는 광고 따위에 시간을 내주지 않는다. 브랜드와 제품을 어떤 말과 연예인으로 보여줄 것인지

고민하기보다 광고가 상영되는 시간 동안 시청자에게 어떤 가치를 전달할 수 있는
가를 고민해야 한다. 재미, 웃음, 감동, 정보 등 사람들이 원하는 가치는 다양하다.
이러한 가치가 있는 영상임을 5초 안에 입증하지 못하면 스킵버튼으로 매몰차게
거절당할 것이다.

집
의
변
화

Part 2

Chapter 4.

먹고 사는 것의 변화

이효정

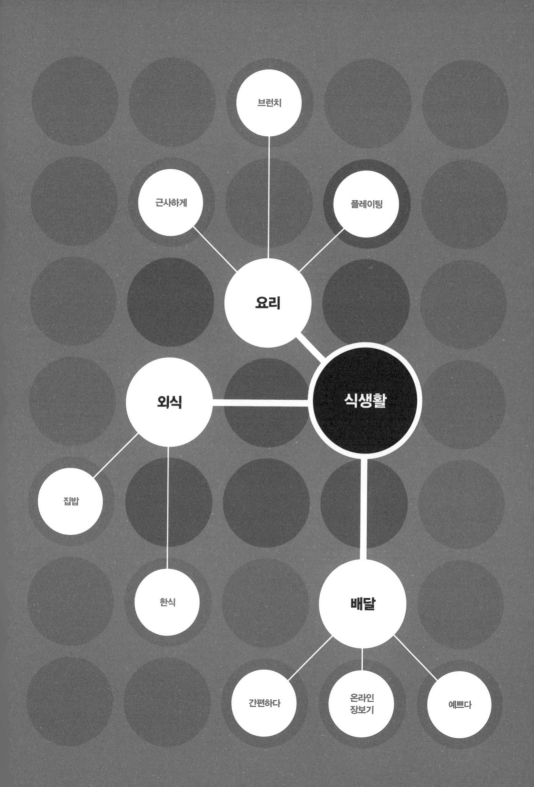

"다 먹고 살자고 하는 일"이라는 말이 흔하게 들린다. 엄밀하게 따지자면 '먹는다'는 행위가 '숨 쉬고 있다'는 행위에 우선할 수는 없겠으나, 일상적으로는 우리의 삶에서 숨 쉬는 것보다 훨씬 먼저 떠오르고 그만큼 중요하게 여겨지는 것이 먹는 일일지 모른다. '맛집'은 어떤 주제와 연관해서도 가장 친숙하게 눈에 띄는 트렌드가 되었다. 어딘가로 가는 행위는 먹는 행위와 곧장 연결되며, 오늘 있었던 많은 일 가운데 '먹다'는 언제나 큰 부분을 차지하고 있다.

최근의 먹는 일상은 크게 3가지 방식으로 나뉜다. 요리해 먹는 것, 배달, 외식이 그것이다.

"아침 먹고 치우고 돌아서면 또 밥 준비… 중간에 간식 해줘야지… 그러다 보면 또 저녁 준비… ㅡ_ㅡ; 먹고 치우고 먹고 치우고의 반복…"
"뭔가 해먹는 것까진 좋은데 뒤처리가 항상 문제인 것 같아요ㅎㅎ 누가 설거지도 해주고 뒷정리도 해주면 정말 좋을 것 같은데 ㅋㅋㅋ"

소셜미디어에서 활발하게 언급되는 먹는 일상은 요리보다는 외

〈'여행' 연관 장소(일반) 순위〉

	2016년		2017년		2018년(~8월)
1	숙소	1	숙소	1	숙소
2	맛집	2	맛집	2	맛집
3	바다	3	공항	3	바다
4	공항	4	바다	4	공항
5	주변	5	주변	5	주변
6	식당	6	식당	6	식당
7	도시	7	도시	7	도시
8	병원	8	병원	8	병원

출처 | Socialmetrics™, 2016.01.01~2018.08.31

〈'오늘' 연관 행위 순위〉

	2016년		2017년		2018년(~8월)
1	가다	1	가다	1	가다
2	오다	2	오다	2	오다
3	먹다	3	먹다	3	먹다
4	나오다	4	나오다	4	나오다
5	알다	5	알다	5	알다
6	받다	6	받다	6	받다
7	자다	7	보내다	7	보내다
8	보내다	8	자다	8	자다

출처 | Socialmetrics™, 2016.01.01~2018.08.31

집의 변화

식 및 배달이다. 음식을 해 먹는 일이 그야말로 '일'이 된 탓이다. 최근 몇 년간을 보아도 '행복하다'의 연관어로서 '먹다'는 굳건히 1위를 지켜왔지만, '해 먹다'나 '요리하다'가 상위에 오른 적은 없다. 먹기 위해 애쓰는 노력은 유독 집 안에서 '일'이 된다. '먹고 살기 힘들다'는 말이 집에 한해서는 말 그대로의 의미를 담고 있는지도 모르겠다.

집에서 직접 요리하지 않는다면 자연스럽게 떠오르는 다음 질문은 '사람들은 어디서 어떻게 먹고 있을까?'이다. 이 장에서는 해 먹고, 사 먹고, 시켜 먹는 일상의 패턴에 어떤 변화가 일어나고 있는지 살펴보고자 한다. 이를 통해 사람들이 먹는 일상에서 행복을 느

〈'먹다' 연관 '요리(해 먹다)' vs. '외식(사 먹다)' vs. '배달(시켜 먹다)' 언급 비중〉

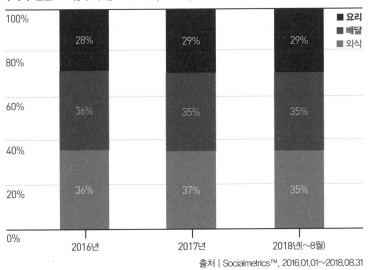

출처 | Socialmetrics™, 2016.01.01~2018.08.31

〈'행복하다' 연관 행위 언급 순위 변화〉

	2016년		2017년		2018년(~8월)
1	먹다	1	먹다	1	먹다
2	가다	2	가다	2	가다
3	오다	3	오다	3	오다
4	받다	4	보내다	4	받다
5	생각하다	5	받다	5	생각하다
6	만나다	6	만나다	6	만나다
7	알다	7	생각하다	7	알다
8	보내다	8	알다	8	사랑하다
9	좋아하다	9	좋아하다	9	좋아하다
10	사랑하다	10	사랑하다	10	보내다
11	모르다	11	모르다	11	모르다
12	주다	12	주다	12	주다
13	느끼다	13	느끼다	13	느끼다
14	만들다	14	만들다	14	만들다
15	웃다	15	바라다	15	웃다
16	바라다	16	웃다	16	바라다
17	듣다	17	예쁘다	17	듣다
18	예쁘다	18	자다	18	예쁘다
19	자다	19	즐겁다	19	생기다
20	즐겁다	20	결혼하다	20	자다

출처 | Socialmetrics™, 2016.01.01~2018.08.31

낄 수 있도록 기업이 애쓸 지점이 어디인지 함께 고민해보자.

집밥은 여전히 유효하다, 단 덜 수고롭고 더 근사하게

집에서 요리하는 행위가 고단한 노동으로 인식되고는 있지만, 그럼에도 '집밥'은 지지 않는 인기 트렌드 키워드다.

'집밥'은 말 그대로 '집의 밥', 곧 집에서 먹는 밥이라는 의미다. '집밥'은 갓 지은 밥과 국, 정갈한 반찬들로 이루어진 엄마의 따뜻한 한 상을 연상시킨다. 시즌을 이어가며 인기리에 방송되었던 tvN

〈'집밥' 언급량 추이〉

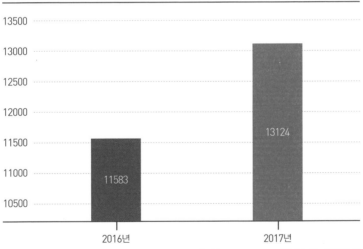

출처 | Socialmetrics™, 2016.01.01~2017.12.31

〈'집밥' 연관 메뉴(요리/식재료) 언급 순위 변화〉

	2016년		2017년		2018년(~8월)
1	밥	1	밥	1	밥
2	김치	2	반찬	2	반찬
3	반찬	3	김치	3	김치
4	국물	4	샐러드	4	샐러드
5	샐러드	5	국물	5	국물
6	된장찌개	6	된장찌개	6	불고기
7	볶음밥	7	파스타	7	빵
8	불고기	8	김치찌개	8	파스타
9	빵	9	불고기	9	된장찌개
10	김치찌개	10	볶음밥	10	김치찌개
11	파스타	11	빵	11	스테이크
12	떡볶이	12	스테이크	12	떡볶이
13	스테이크	13	카레	13	카레
14	카레	14	계란말이	14	볶음밥
15	제육볶음	15	제육볶음	15	잡채

출처 | Socialmetrics™, 2016.01.01~2018.08.31 (Blog)

집의 변화

의 〈집밥 백선생〉은 간편하게 집밥을 차릴 수 있는 핵심 레시피를 전파하며 명성을 떨쳤다. 누구나 쉽게 요리할 수 있도록 도움을 준다는 기획의도는 역설적으로 한국형 '집밥'이 얼마나 입문 허들이 높은 어려운 과제인지 짐작하게 한다.

그런데 이제 집밥이 바뀌고 있다. '엄마표 집밥'의 대표주자인 된장찌개나 김치찌개가 메인에 놓이는 대신 샐러드, 파스타, 스테이크 등이 집밥의 대표 메뉴로 인식되고 있다. 집에서 메인반찬과 밑반찬을 한 상 가득 차려내는 행위는 더욱더 일상에서 멀어지고, 한 가지 요리를 예쁜 그릇에 돋보이게 담아내는 형태가 집에서 먹는 밥, 한 끼 식사로 대접받고 있는 것이다.

〈'주방' 연관 '식탁' vs. '테이블' 언급 추이〉

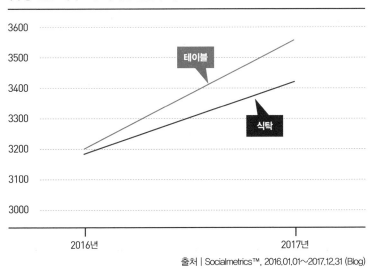

출처 | Socialmetrics™, 2016.01.01~2017.12.31 (Blog)

행복한 맛은 엄마 손이 아닌,
내 눈을 통해 맛보는 것이다.

집밥의 이미지와 메뉴가 바뀌는 흐름은 집밥을 둘러싼 환경 변화에서도 감지된다. 주방에 있는 것은 '식탁'이 아니다. 그 자리에 놓인 것은 '테이블'이다. 그 위에 예뻐진 요리를 놓고 한 컷에 담으며 사람들은 집밥의 행복을 누린다. 식탁에 거하게 '한 상 차리는' 시대에서 벗어나, 브런치 카페를 닮은 테이블에 '플레이팅하는' 시대에 살고 있다.

> "고생해서 만들어놔도 먹고 남은 거 냉장고 넣으면 데워도 맛이 없어요… 가급적 한 그릇 음식 하려고 해요. 스테이크, 샐러드… 이렇게 먹어요. 역시 한식은 외식으로!"

〈'맛집' 연관 '집밥' 언급량 추이〉

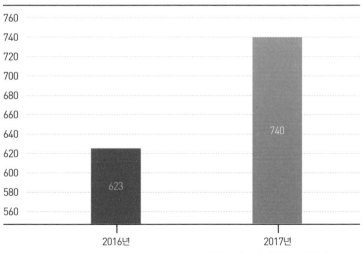

출처 | Socialmetrics™, 2016.01.01~2017.12.31

〈'외식' 연관 메뉴 언급 순위 변화〉

	2016년		2017년		2018년(~8월)
1	밥	1	밥	1	밥
2	반찬	2	반찬	2	반찬
3	김치	3	김치	3	김치
4	샐러드	4	샐러드	4	샐러드
5	스테이크	5	스테이크	5	볶음밥
6	볶음밥	6	볶음밥	6	스테이크
7	파스타	7	스시	7	스시
8	불고기	8	파스타	8	불고기
9	스시	9	불고기	9	파스타
10	햄버거	10	햄버거	10	햄버거
11	보쌈	11	샤브샤브	11	샤브샤브
12	샤브샤브	12	된장찌개	12	된장찌개
13	된장찌개	13	잡채	13	카레
14	스파게티	14	김치찌개	14	김치찌개
15	감자탕	15	스파게티	15	쌈

출처 | Socialmetrics™, 2016.01.01~2018.08.31

요리하는 집밥의 메뉴가 바뀜에 따라 외식의 메뉴도 바뀌고 있다. 점점 서구화되는 집밥과 달리, 외식에서는 손이 많이 가는 한식 국물요리가 선호된다. 직장인들의 점심 메뉴로 찌개가 파스타 못지않은 인기를 누리고, 백반집에는 으레 대기줄이 서 있다. 집에서 먹는 밥에서 수고로움을 제하는 대신, 한식에 대한 갈망은 밖에서 채우는 식이다. 식당들은 '집밥'을 내세워 '맛집'이 되고 있다.

집에서 외식 메뉴를 요리하고 집밥이 집 밖에서 대세가 되고 있다. 집에서 먹는 일상과 바깥세상의 경계가 허물어진 상태다. 쿠키를 구워내는 정도의 홈 베이킹은 테이블에 음료와 함께 세팅할 수 있는 홈카페 수준이 되었으며, 인스타그램의 수많은 '#우리집테이블' 사진을 보면 제대로 된 홈 브런치 카페로 확장된 인상이다. 집밥에 엄마의 정성을 그득 담으려 하지는 않지만, 그렇다고 대충 때우는 한 끼는 성에 차지 않는다. 이제 사람들은 집에서도 '제대로', '만족스럽게', '재미있게' 먹으려 한다. 어차피 먹기 위해 수고로울 것이라면 좀 더 충분히 즐길 수 있도록, 사람들은 행복한 식사를 꾸준히 고민하고 있다.

그러므로 '집밥'의 규정은 달라져야 한다. 집밥은 엄마가 해준 것처럼 '정성'이라는 이름의 번거로운 재료나 과정으로 차려낸 한식이 아니라 집에서 해 먹을 수도, 사 먹을 수도 있는 모든 종류의 끼니를 껴안은 말이다. 집밥을 모토로 한 HMR(가정간편식) 상품이 꼭 '마음 따뜻해지는 엄마표 된장찌개' 같은 메뉴에 한정될 이유가

〈'먹다' 연관 감성 순위 변화〉

2016년		2017년		2018년(~7월)	
1	맛있다	1	맛있다	1	맛있다
2	좋다	2	좋다	2	좋다
3	좋아하다	3	좋아하다	3	좋아하다
4	먹고싶다	4	먹고싶다	4	먹고싶다
5	맛나다	5	맛나다	5	먹지못하다
10	힘들다	10	안되다	10	제대로
11	제대로	11	제대로	11	안되다
12	부드럽다	12	부드럽다	12	즐기다
13	즐기다	13	힘들다	13	너무좋다
16	너무좋다	16	너무좋다	16	힘들다
20	귀찮다	20	신나다	20	신나다
24	떨어지다	24	편하다	24	만족하다
25	잘어울리다	25	잘하다	25	신나다
26	좋지않다	26	만족하다	26	잘하다
27	편하다	27	마음들다	27	마음들다
28	바르다	28	귀찮다	28	터지다
31	터지다	31	떨어지다	31	귀찮다
32	대충	32	간편하다	32	간편하다
33	만족하다	33	좋지않다	33	떨어지다
37	사랑하다	37	대충	37	재미있다
38	유명하다	38	재미있다	38	행복
39	못하다	39	싫어하다	39	대충
40	싫다	40	못하다	40	싫어하다
41	재미있다	41	사랑하다	41	못하다

출처 | Socialmetrics™, 2016.01.01~2018.07.31

집의 변화

없다는 뜻이다. 집밥은 어디서든 먹을 수 있으니, 집밥 그 자체보다는 행복하게 먹는 행위를 즐길 수만 있으면 된다. 예쁘게 차려낼 수 있다는 점에서는 서양식 플레이트가 오히려 더 유리할 수도 있다. 비록 원룸의 좁은 테이블에 놓일지라도, '간편한데 근사하기까지 한' 식사는 회사 앞에서 맛보는 백반 한 상보다 훨씬 큰 행복을 줄 수 있다.

"스테이크처럼 닭가슴살도 포크와 나이프로 잘라 먹어요. 뭔가 제대로 한 끼 차려먹는 듯한 기분이 들어요."
"먹고 또 먹는 후식타임! 과일이랑 아이스크림이랑 케키 차려놓고 먹으니 넘나 행복하당. 행복 별거 아니고~ 이게 정말 행복~ 맛있는 거 먹고 즐거운 생각 많이 하기."

브런치 감성의 플레이트를 위한 장보기

"우리는 역시 배달의 민족"이라는 말이 고대 한국사보다는 모 배달 서비스업을 연상시키게 된 지 오래다. 우리는 언제나 '기사님'을 기다린다. 밤늦게까지 음식이 배달되더니 이제는 새벽에도 배송차량이 달린다. 이른 새벽에 배달되는 것은 신문이 아니라 신선식품이다. 배달하는 일상 또한 먹는 일상의 한 부분이며, 더 이상 트렌드로서 두드러지는 부분도 아니다. 여기서 주목해야 할 지점은 배달

요리의 핵심은
만들기보다 차리기에 있으며,
차리기의 핵심은
수고로움이 아닌 근사함에 있다.

그 자체가 아니라 '어떤' 먹거리를 '어떻게' 배달받고 있는지다.

치킨, 피자, 족발 등은 '배달' 하면 자동으로 연상되는 친숙한 품목이다. 그런데 이러한 완성 요리들 사이에 유독 눈에 띄는 아이템이 있다. '고기'나 '채소' 같은, 요리가 아닌 식재료들이다. 그것도 유통이 까다로운 식선식품들이다. 전화보다 배달 앱을 통한 주문이 더 흔해진 요즘, 많은 업종이 발 빠르게 오프라인에서 온라인으로 소비자를 찾아 움직이고 있다. '장보러 간다'는 일상에도 '온라인 장보기'라는 말이 생겼다.

"인터넷으로 장보기를 하고 배송시키는 걸 한 번도 해본 적이 없고, 해볼 생각도 안 했었어요. 공산품도 아니고 신선식품을 직접 고르지

〈'배달+배송' 연관어〉

1	음식	11	박스
2	밥	12	요리
3	포장	13	점심
4	소스	14	물
5	저녁	15	김치
6	치킨	16	샐러드
7	반찬	17	제품
8	**고기**	18	야식
9	세트	19	피자
10	**채소**	20	족발

출처 | Socialmetrics™, 2016.01.01~2018.08.31

않으면 얼마나 좋은 게 올까 싶어서 걱정… 장보는 거만큼은 늘 직접 마트에 가서 사가지고 왔었지요. 그런데 지난달 넘 바빠서 어쩔 수 없이 온라인 주문해서 장을 봤었어요. 그런데 오호~!! 이거 웬걸…… 편하고 시간도 절약, 뭣보다 신선식품 품질상태가 완전 괜찮은 겁니다. 온라인 장보기에 부정적이었던 제가 이젠 온라인 장보기만 하고 있습니다."

"저번 달부터 온라인 장보기하고 있는데 정말 마트가는 것보다 편하고 할인도 되고!! 원하는 시간에 맞춰 오고~~ 좋은 점이 많네요!!"

"얼마 전부터 온라인으로 장보기하는데 정말 편하고 좋아요~ 진작 이렇게 살걸~ 사야 할 거 생각나면 하나둘씩 장바구니에 담기 해두었다가 주문해요~ 오늘도 이것저것 담아놓은 거 방금 주문했네요~"

안 해본 사람은 있어도 한 번만 하는 사람은 없다는 온라인 장보기의 소위 '간증글'은 소셜미디어에서 어렵지 않게 찾아볼 수 있다. 입문 허들을 넘은 이들의 '이처럼 새롭고 편한 세상이 있었다니!' 하는 예찬이다. 완성품인 공산품이나 요리를 배송받는 데 익숙한 사람들이 장보기에는 선뜻 도전하지 못했던 것은 무엇보다 '신선한' 식품을 구매한다는 장보기의 특성 탓이 컸다. 지금도 마트에 직접 가서 장보는 일상에 비교하면 온라인 장보기가 압도적으로 밀리는 것이 사실이지만, 신선식품을 포함한 온라인 장보기는 꾸준히 늘어나고 있는, 주목해야 할 '뜨는 일상'이다.

장보기 트렌드의 변화는 소셜미디어에서의 언급뿐 아니라 사람

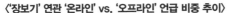

<'장보기' 연관 '온라인' vs. '오프라인' 언급 비중 추이>

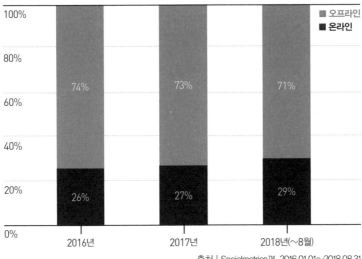

출처 | Socialmetrics™, 2016.01.01~2018.08.31

들의 카드 이용내역에도 고스란히 나타난다. 신한카드 빅데이터연구소에 따르면, 최근 3년간 신선식품 전문 쇼핑몰을 이용한 카드 결제 건은 전년 대비 평균 168%나 증가했다.[1]

입문 허들을 낮추는 데 크게 기여한 고객군은 단연 30대 여성이다. 이들은 온라인 환경 및 소셜네트워크에 익숙하며 안정된 구매력을 갖춘 1~2인 가구의 구성원이다. 특히 신선식품 전문 쇼핑몰 이용자 중에서는 30대 여성 비중이 40% 이상이다. 오프라인 대형 마트는 30, 40, 50대 여성이 비슷한 비중으로 이용하는 것과 비교

---

1) 출처 : 신한카드 빅데이터연구소. 주요 신선식품 전문 쇼핑몰 9곳에서 이용된 건수로, 2016~17년 사이의 연간 이용 건수의 전년 대비 증감률의 평균치로 산출했다.

〈신선식품 전문 쇼핑몰 vs. 오프라인 대형마트 고객의 성/연령대별 비중〉

연령대	신선식품 전문몰	오프라인 대형마트
남성20대	1%	6%
남성30대	10%	13%
남성40대	6%	14%
남성50대	2%	9%
남성60대 이상	1%	5%
여성20대	11%	7%
여성30대	44%	14%
여성40대	19%	15%
여성50대	5%	11%
여성60대 이상	1%	6%

출처 | 신한카드 빅데이터연구소 (2018년 상반기 월평균 기준)

해 특히 주목할 만한 부분이다.[2]

　30대 여성이 주도하는 온라인 장보기에서 가장 핫한 키워드는 단연 '마켓컬리'다. 2015년 론칭 당시만 해도 몇몇 눈 밝은 사람들만 이용했는데, 최근 몇 년 사이에 업계에서 가장 무섭게 성장하는 업체가 되었다. 무엇보다 프리미엄 식재료를 새벽에 배송해주는 서비스가 화제의 중심이었다. 맞벌이 신혼부부를 타깃으로 한 배송시간과 소포장 위주의 품목은 '장보기=오프라인 대형마트'라는 익숙

---

2) 출처 : 신한카드 빅데이터연구소. 주요 신선식품 전문 쇼핑몰 9곳 및 오프라인 대형마트의 성별 및 연령대별 이용 고객 수 비중으로, 2018년 상반기 월평균 기준.

한 공식을 단번에 깼다. 일주일치 식재료를 한꺼번에 사들여 냉장고에 채워두는 장보기가 부담스러웠던 이들이 소포장 용량의 장보기에 기꺼이 동참했다. 결코 저렴하다고 할 수 없는 가격은 큰 문제가 되지 않았다.

오프라인보다 신속하고 편리하다는 장점은 대부분의 경쟁업체도 마찬가지이므로 마켓컬리가 특별히 우위를 점한다고 하기 어렵다. 가격에서도 강점이 없다면, 소비자들이 말하는 마켓컬리만의 특별함은 어디에 있을까?

"마켓컬리에서 수프랑 미니양배추 과일도 함께 주문했어요~ 수프랑 같이 먹으면 그럴싸한 브런치가 되더라고요. 간단하게라도 이쁘게 ㅎㅎㅎㅎ"

"얼마 전 마켓컬리에서 색다른 잼 발견해서 주문. 오늘 점심에 식빵에 잼 바르고 차 준비해서 함께 먹었는데 카페 부럽지 않은 브런치가 되었다는"

여러 업체 가운데 유독 마켓컬리가 화제인 이유는 특이한 시간대의 배송이나 프리미엄화한 상품 라인업으로만 설명하기는 어렵다. 소비자들의 취향을 저격한 지점은 '집밥'의 변화에 최적화된 식재료를 제공하는 마켓컬리 특유의 감성적인 상품 구성과 제안이다. 마켓컬리는 식재료를 판매하지만, 이용자는 상품 이미지를 보며 하나의 완성된 플레이트를 구매하는 기분을 느낀다. 근사한 그릇과

<신선식품 한정 주요 온라인 장보기 서비스 제공업체 언급 비중 추이>

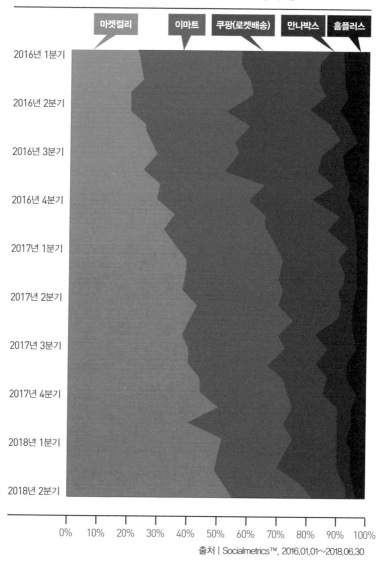

출처 | Socialmetrics™, 2016.01.01~2018.06.30

〈'마켓컬리' vs. 'A온라인몰' 식사메뉴 연관어〉

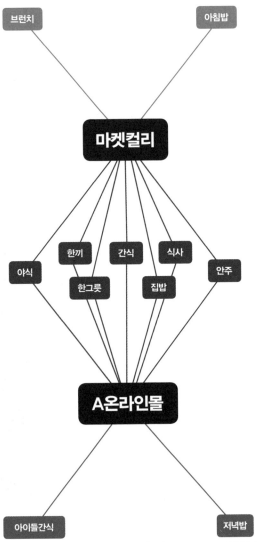

출처 | Socialmetrics™, 2016.01.01~2018.08.31

테이블을 집에 들여놓음으로써 브런치 집밥의 입문 허들이 낮아진데 더해, 브런치 스타일의 플레이팅을 제시함으로써 장보기의 입문 허들도 한껏 낮아진 것이다.

'제대로 된 근사한 브런치'야말로 '집밥'에서 가장 두드러지는 변화임을 앞에서 짚어보았다. 따라서 브런치의 속성을 들여다보면 지금 사람들이 말하는 먹는 행위의 감성과 취향을 확인할 수 있다. 브런치는 더 이상 '아점'이라는 본래의 뜻으로 인지되지 않는다. 살려고 먹어야 하는, 때로는 귀찮기까지 한 점심과 달리 브런치는 하루 중 기억에 남기고 싶은 한 장면에 가깝다. 브런치 카페 메뉴판을 보는 듯한 마켓컬리의 MD 제안 페이지는 이와 같은 맥락에서 사람들의 호감을 샀다. 마켓컬리의 인기는 '간단한데 예쁘다'는 두 가치를 동시에 충족시킨 데서 시작해 탄탄해진 것이다.

이 '핫한' 트렌드는 30대를 넘어 40대로 확장되고 있다. 몇 년째 거의 변화가 없었던 연령대별 신선식품 전문 쇼핑몰 이용 비중은 40대 여성을 중심으로 조금씩 늘어나고 있는 중이다. 보수적으로 온라인 장보기를 고려할 것만 같았던 사람들이 조금씩 '트렌디한 장보기'의 입소문에 동참하기 시작했다.

"특히… 요즘!!! 저는 VVVIP(예비고사미)를 모시느라 마켓컬리를 이용할 일이 잦아요~~ ㅎㅎ 일찍 나가는 고사미 아들한테 샌뒤치라도 신선하게 또 이쁘게 만들어줄라치면 컬리가 좋은 것 같아요~~"
"처음 마켓컬리 후기 제목만 보고 머리 컬 만들어주는 컬리컬리 마켓

〈'브런치' vs. '점심' 연관 서술어〉

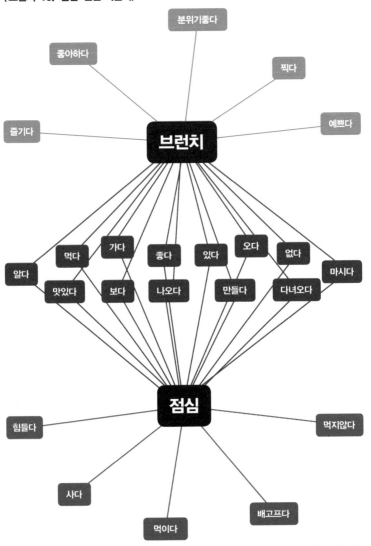

출처 | Socialmetrics™, 2016.01.01~2018.08.31

Kurly's Pick

01. 오리지널

정통 그래놀라의 맛을 그대로 느낄 수 있는 그래놀라 오리지널입니다. 플라하반의 오트밀, 신선한 아몬드와 호박씨, 캐슈너트, 피스타치오, 호두, 건 크랜베리를 국내산 버터와 국내산 꿀로 버무려 오븐에 고소하게 구웠습니다. 약간 달달하면서 담백한 맛을 지녔지요. 부담 없는 맛으로 아이부터 어른까지 고루고루 즐길 수 있는 그래놀라입니다.

플라하반 점보 오트밀, 견과류, 건과일로 든든한 구성

얼리키친 그래놀라는 오트밀(귀리)을 중심으로 다양한 곡류, 견과류, 건과일 등을 함께 구워 만들었습니다. 칼로리는 낮고, 영양은 높였지요. 좋은 재료들을 듬뿍 넣고, 합성첨가물은 일절 사용하지 않고 만들었습니다. 원재료의 35% 이상을 차지하는 오트밀(귀리)은 청정지역 아일랜드의 플라하반 점보 오트밀을 사용하는데요. 아이리시 전통 기법으로 만들어 잡내 없이 매우 고소하지요.

▶마켓컬리 상품 제공화면

했다는 건 줄 알았답니다 ㅋㅋ ㅠㅠ 근데 후기 보고 앗 이건 뭐지… 하고 도전해보니 신세계네요. 마켓컬리 핫하다 해서 이것저것 시켜봤어요~ 진작 알았음 좋았을 텐데~ 너무 늦게 알아서 아쉽네용"

대다수의 비즈니스가 소비가 왕성하고 트렌드를 이끌어가는 젊은 세대에 집중할 때, 마켓컬리는 30대 여성을 집중 공략했다. 비록 이들이 소수이고 시장가치가 불확실할지라도 신선식품 시장에서는 '트렌드세터'로 고객 확장에 기여할 수 있다고 보았던 마켓컬리의 가정은 유효했다.

〈신선식품 전문 쇼핑몰 이용 고객의 성/연령대별 비중〉

연령대	2017년	2018년
남성20대	2%	1%
남성30대	10%	10%
남성40대	5%	6%
남성50대	2%	2%
남성60대 이상	1%	1%
여성20대	14%	11%
여성30대	45%	44%
여성40대	**17%**	**19%**
여성50대	4%	5%
여성60대 이상	1%	1%

출처 | 신한카드 빅데이터연구소 (2017년, 2018년 상반기 월평균 기준)

　시장마다 트렌드에 가장 민감한 이용자들이 있고, 이들의 라이프스타일은 그대로 기업의 서비스가 될 수 있다. 일례로 온라인 쇼핑 위주로 바뀌어가는 트렌드를 반영해 신한카드는 온라인 간편결제 시 할인 혜택을 제공하면서 온라인 슈퍼마켓 중심의 할인 서비스를 강화한 '신한카드 Deep On Platinum+'를 출시했다. 이 서비스에서 특히 눈에 띄는 부분은 해외 이용액 및 저가항공 할인 서비스다. 온라인에 강한 고객이 일반고객보다 '가성비 좋은 해외여행'에 특화된 일상을 영위하고 있다는 자체 연구에 근거한 것이다. 소비자의 라이프스타일을 연구하면 이렇게 독특한 연결고리가 보인

다. 이를 서비스로 개발하는 것이야말로 특별한 상품을 만드는 가
장 평범한 방법 아닐까.

먹는 행위가 아니라 라이프스타일로

먹고 사는 일은 언제나 중요했으므로 트렌드라 하기 어려울 수도
있다. 다만 '어떻게 먹는가'만이 조금씩 달라질 뿐이다. 오래전 언
젠가는 그저 생존을 위해 먹었고, 몇 년 전에는 더 즐겁게 먹기 위
해 '먹방'이 유행을 탔으며, 잘 만들어 먹기 위해 수고를 무릅쓰는
'쿡방'이 트렌드가 되기도 했다. 지금은 손은 덜 수고롭고 눈은 더
즐거워지는 '원 플레이트'가 중요해졌다.

그러나 먹고사는 트렌드를 말한다면서 먹방, 쿡방, 원 플레이트
라는 한두 가지 키워드에 한정하는 우를 범해서는 안 된다. 우리가
눈여겨보아야 할 것은 사고의 전환 포인트 그 자체다. 집밥이 중요
하다고 하는데, 사람들은 어떤 집밥을 말하는가? 이에 대한 고민이
뒤따라야 한다. HMR 제품이 집밥의 틀을 '엄마표 집밥'에 한정해
한식 간편식 라인만 줄기차게 내놓거나, 신선한 먹거리는 무조건
오프라인에서만 팔릴 것이라 안이하게 생각하면 위험하다는 것을
데이터는 말해준다.

매 순간 변화하는 트렌드에서도 단 하나 흔들리지 않는 부분은
명확하다. 사람들은 더 행복해지기 위해 먹는다. 그 방법이 언제나

먹는 트렌드의 선두에 있다는 것이다. '어떻게 하면 더 행복하게 매일을 보낼 수 있을까?'라는 큰 고민 안에 '먹는 일상'이 들어 있다. 사람들은 이제 먹고살거나, 먹기 위해 살지 않는다. 우리는 '먹으면서' 산다.

그러므로 먹는 트렌드를 관찰하고 상품을 기획하는 일은 단순히 간편하고 근사한 한 끼를 제안하는 것에 머물러서는 안 된다. 사고의 확장이 필요하다. F&B에 몸담고 있다고 해서 '먹이는 일'에만 한정해서는 곤란하다. 먹는 행위는 취식(取食)의 수준이 아니라 라이프스타일에 관한 것임을 인지하자. 자신의 일이 결국은 사람들에게 더 편안하고 근사한 라이프스타일을 제안하는 일임을 염두에 두자.

해 먹는 집밥과 사 먹는 집밥을 구분하자

'집에서 해 먹는 정갈한 한식, 밖에서 사 먹는 근사한 양식'의 공식은 이미 깨졌다. '해 먹는' 집밥과 '사 먹는' 집밥을 구분해, 집에서 해 먹을 때는 더 간편하고 근사하게, 밖에서 사 먹을 때는 따뜻한 감성과 영양을 채울 수 있도록 지원하는 것이 현재 F&B 트렌드의 핵심이다.

핵심고객의 라이프스타일에서 시작하자

트렌드에 민감하며 안정된 구매력을 보유한 타깃 고객의 폭넓은 라이프스타일을 추적함으로써 내가 기획하고 판매하는 업종에 한정하지 않고 다양한 상품과 서비스를 연계해 제시하는 열린 사고방식이 중요하다.

Chapter 5.

주거
공간의
변화 염한결

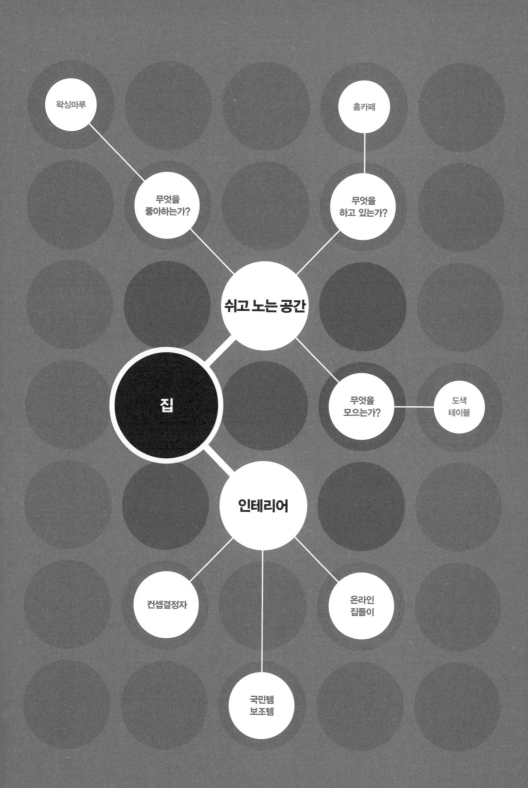

먹고 자는 공간에서 쉬고 노는 공간으로

집에서 우리는 주로 무언가를 만들어서 먹고 본다. 특히 과거의 집이라는 공간은 저녁에 돌아와서 밥 먹고 씻고 거실 소파에 누워 TV를 보다가 자정 전에 방에 들어가 그다음 날을 위해 잠드는 휴식의 공간으로 대표되었다. 주말에 놀려면 집을 떠나 여행을 가거나 가까운 곳이라도 방문해서 그곳에서 즐기고 돌아오는 식이었다.

현대인에게 집이란 과연 어떤 의미가 있는 공간일까. 생존의 기본이 되는 먹는 것, 자는 것, 씻는 것을 할 수 있는 공간으로만 대표되고 있을까. 집의 사전적 의미는 사람이나 동물이 추위, 더위, 비바람 따위를 막고 들어가 살기 위하여 지은 시설이다. 그리고 여전히 우리는 집 주방에서 요리를 하고 잠은 방 침대에서 자며 출근 전집 욕실에서 씻고 나온다.

하지만 최근 들어 집이라는 공간의 의미가 점차 달라지고 있다.

"요즘 퇴근 후 나의 일상은 바로 집에 가는 거다. 레고에 빠져 집에만

〈"집에서' 연관 행위 언급 순위 변화〉

	2014년		2015년		2016년		2017년		2018년(~8월)
1	먹다	1	먹다	1	먹다	1	먹다	1	먹다
2	만들다	2	만들다	2	만들다	2	만들다	2	만들다
3	보다	3	보다	3	보다	3	보다	3	**놀다**
4	보내다	4	보내다	4	**놀다**	4	**놀다**	4	보다
5	**자다**	5	**놀다**	5	보내다	5	**즐기다**	5	**즐기다**
6	**놀다**	6	**자다**	6	**즐기다**	6	보내다	6	보내다
7	**즐기다**	7	**즐기다**	7	**자다**	7	마시다	7	**자다**
8	쉬다	8	쉬다	8	쉬다	8	**자다**	8	듣다
9	마시다	9	마시다	9	마시다	9	쉬다	9	쉬다
10	듣다	10	듣다	10	듣다	10	듣다	10	마시다
11	**입다**	11	요리하다	11	요리하다	11	일하다	11	일하다
12	일하다	12	**입다**	12	**입다**	12	요리하다	12	요리하다
13	요리하다	13	일하다	13	일하다	13	**입다**	13	**입다**
14	일어나다	14	일어나다	14	읽다	14	읽다	14	일어나다
15	읽다	15	사오다	15	일어나다	15	일어나다	15	읽다

출처 | Socialmetrics™, 2014.01.01~2018.08.31

집의 변화 : 151

〈집에서의 관심사 연관어〉

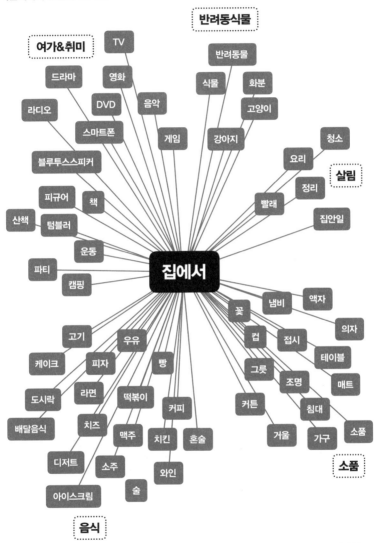

반려동식물

여가&취미

TV

반려동물

영화

식물
화분

드라마

DVD
음악

고양이

라디오

스마트폰

게임

강아지

청소

블루투스스피커

요리

살림

피규어
책

정리

산책
텀블러

빨래

집안일

운동

파티

집에서

캠핑

꽃
냄비
액자

고기
우유

컵
접시
의자

케이크
피자
빵

테이블

도시락
라면
떡볶이

그릇
조명

매트

배달음식
치즈
맥주

커피

커튼
침대

디저트
소주
치킨
혼술

거울
가구
소품

아이스크림
술
와인

소품

음식

출처 | Socialmetrics™, 2015.01.01~2018.08.31

가면 레고 조립하고 사진 찍고 하는 것이 유일한 삶의 낙. 나가면 귀찮기만 하고 집에서 레고와 함께하는 것이 너무 행복하다."

"오늘은 제가 집에서 무엇을 하는지 탐구생활이에요 저 요즘 바쁘거든요 흐흐 빅토리아 시크릿 엔젤들 수집하는 것부터 시작해서 드라마 덕질하는 게 제 일상이랍니다."

최근의 집은 먹고 자는 공간에서 쉬고 노는 공간으로 바뀌고 있다. 즐거움을 제공하는 공간으로 변해가고 있는 것이다. 그에 따라 주거공간을 바라보는 우리의 생각도 변화하게 되었다.

사람들은 집에서 무엇을 하며 놀기 시작한 것일까? 소셜미디어에 나타나는 집에서의 관심사를 살펴보면 우선 음식, 살림, 인테리어 소품 등 과거부터 각광받아온(?) 주제가 있다. 최근에는 여가 및 취미와 관련한 내용이 음식과 비슷한 비중을 보이고 있으며, 특히 반려동식물에 대한 관심이 급격히 증가하고 있다.

내가 가장 좋아하는 것을 나만의 공간에서 즐기고 싶을 때 집만큼 좋은 곳은 없다. 우리 집, 내 방은 이미 내게 가장 편안한 환경이 조성돼 있으므로 마음껏 즐길 수 있다. 좋아하는 활동을 즐기기에 집이 최적화되지 않았다면 얼마든지 구조나 인테리어를 바꿀 수도 있다.

실제로 사람들이 집에서 자신이 좋아하는 것을 즐김에 따라 인테리어 트렌드도 변화하기 시작했다.

그동안 인테리어를 결정하는 데 가장 큰 걸림돌은 그 집이 '내

〈집에서의 관심사 언급 비중 변화〉

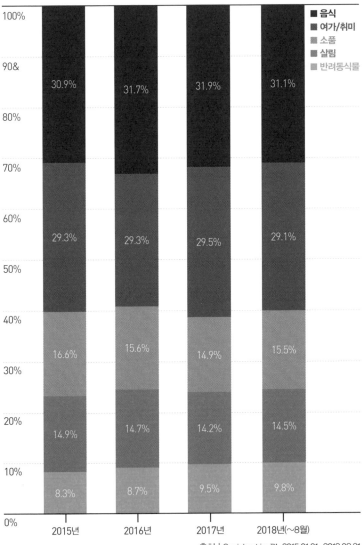

	음식
	여가/취미
	소품
	살림
	반려동식물

출처 | Socialmetrics™, 2015.01.01–2018.08.31

집'이 아니라는 것이었다. 자취나 신혼집은 대개 전월세이므로 아무리 인테리어 감각이 있어도 마음대로 신혼집을 꾸미기가 쉽지 않았다. 2년 뒤에도 내가 그 집에 살 것이라는 보장이 없기 때문이다. 하지만 최근 들어 이러한 인식에도 변화가 생기고 있다. 2년이 결코 짧은 기간이 아닌데, 그 기간 동안 집에서조차 내가 가장 좋아하는 것을 누릴 수 없다면 어디서 누린단 말인가. 집의 환경이 내게 맞지 않는다면 내가 집에 있을 이유가 없어진다. 그리하여 2년 뒤 이사를 가더라도 그 기간 동안 자신의 취미를 만끽할 수 있도록 집 인테리어를 강행한다.

최근 눈에 띄는 대표적인 인테리어 중 하나가 플랜테리어다. 플랜테리어는 집을 식물 위주로 꾸미는 것인데, 미세먼지가 심했던 2018년에 플랜테리어에 대한 관심이 더욱 증가했다.

"7살 5살 남매의집~ 요즘 미세먼지 땜에＿＿ 도통 나가놀지 못해ㅜㅜ 집에서만이라도 봄기운을 느낄 수 있도록~~♡ 플랜테리어 해봤어여~~"

"식물이 너무 좋아서 집 전체를 플랜테리어로 꾸몄어요. 얼핏 세어보니 30종은 넘는 것 같아요. 요즘 반려식물을 키우는 경우도 많다고 하던데 식물이 집에 가득하니 너무 좋습니다."

"이사 가면서 대부분 버리고 왔지만 다시 시작하는 플랜테리어~"

그다음은 아빠들의 베란다 활용이다. 남들의 손을 타면 안 되는 소중한 피규어들을 전용방에 두고 싶지만 아빠만의 방이 없으므로 아쉬운 대로 그들은 베란다로 진출한다.

"아이가 태어나자마자 나의 취미는 저세상으로 ㅠㅠㅠㅠ 거실에 모셔 뒀던 프라모델들 정리해서 베란다로 이사했어요ㅎㅎ 그래도 나름 전시하기 좋은 공간이네요."
"아이가 어리니 집에서 도색 불가!! 본드도 최소화해야 하는 안타까운 현실이지만 포기할 수 없는 프라모델 덕후 ㅎㅎㅎㅎㅎ 베란다에서라도 본드로만 작업하고 있습니다."

단순히 공간 용도를 바꾸거나 꾸미는 수준을 넘어 시공을 하는 경우도 늘고 있다. 가장 대표적인 것이 홈카페다. 베란다 타일을 들어낸 다음 그곳에 바 테이블을 넣고 분위기 있는 조명을 설치한다. 이사 갈 때 원상태로 되돌리는 공사를 하더라도 바깥 풍경을 바라보며 마시는 커피를 포기할 수는 없다.

홈카페의 인기는 인테리어 산업뿐 아니라 많은 기업에서 주목해야 할 현상이다. 홈카페를 만들었다는 것은 더 이상 믹스커피를 타지 않고 원두를 직접 갈아 드립으로 마신다는 의미다. 이 정도 노력을 기울이면서 아무 컵에나 마실 리 없다. 또한 제대로 마시려면 홈카페의 분위기를 살려줄 화병이나 블루투스 스피커가 놓여야 한다. '제대로' 즐기려는 니즈를 들여다보면 다양한 산업의 실로 다양한 기회를 발견할 수 있다.

반려견을 위한 바닥 공사도 최근 많이 이뤄지는 추세다. 한국의 반려견들이 가장 많이 겪는 고통은 슬개골탈구다. 서양의 카펫 바닥과 달리 한국의 집은 미끄러운 마루바닥이어서다. 나의 가족인 강아지가 아파하는 것을 방치할 수는 없지만 별다른 방법이 없어서 거실에 매트를 깔던 것이 고작이었는데, 이제는 바닥 왁스 작업을 실시한다.

"거실의 미끄러운 바닥이 어린 강아지의 슬개골탈구 원인이 된다고… 강아지 미끄러움 방지 왁스 코팅을 하려 바닥상태 작업에 들어가기 전, 얼마나 미끄러운지…"

〈'슬개골탈구+인테리어' 언급 추이〉

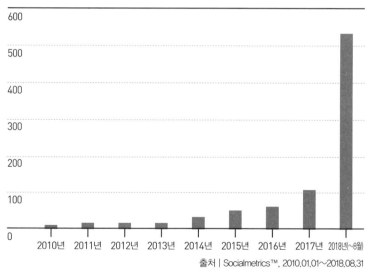

출처 | Socialmetrics™, 2010.01.01~2018.08.31

"오늘은 강아지방 리모델링 했어요ㅎㅎ 잔디를 빼버리고 바닥장판으
로 교체하고~! 강아지 집하고 방석 있는 쪽에는 열장판을 밑에 깔아
서 애기들이 잘 때도 따시게"

이처럼 내가 좋아하는 것들에 최적화된 환경을 만들기 위해 집
을 꾸미면서 인테리어에 대한 관심과 시장이 급속도로 커지고 있
다. 특히 사회적으로 일과 삶의 균형을 강조하기 시작하면서 집에
서 보내는 시간과 활동이 더욱 늘어날 것이고, 원하는 대로 집을 만
들어가는 데 많은 노력을 기울일 것이다. 인테리어 관련 기업이라
면 단순히 집의 구조만 고려해 시공안을 제시하기보다는 사람들의
관심사 또는 행위에 따른 타깃을 설정해 각 타깃의 니즈를 만족시
켜주는 것이 바람직할 것이다.

그들은 어떻게 인테리어 전문가가 되었는가?

국내 인테리어 시장은 지난 2000년 9조 원에서 2017년에는 30조
원으로 급성장한 데 이어 2020년 40조 원을 돌파할 것으로 전망된
다. 소셜미디어 상에서도 인테리어와 관련된 담론이 매년 100만 건
에 이를 정도다.

인테리어 시장의 성장은 1인가구의 증가와 함께 주거공간의 구
조가 달라지고, 집에서의 라이프스타일이 변화했기 때문으로 분석

되고 있다. 또한 한국은 전 세계에서 유일하게 전세제도가 있어서 이사가 잦고, 결혼이나 출산 등 생애단계를 거칠 때마다 가족 구성원이 달라져 새로운 집으로 옮기곤 한다. 또 혼수라는 문화가 있어서 인테리어를 한 후에 집에 들어가는 것이 일반적이다. 이래저래 인테리어를 할 이유도 기회도 많은 만큼 인테리어 시장이 성장하기 좋은 여건임에는 분명하다. 아울러 이에 못지않게 중요한 이유가 있으니, 바로 소비자들의 높아진 인테리어 안목이다.

"평일에는 회사를 다니기에 주말을 이용해서 4개월 동안 셀프 인테리어를 했습니다. 하는 중간중간 괜히 시작했다는 생각을 수없이 하고 지금이라도 업체를 알아볼까 고민도 많이 했지만 막상 내 손으로 직접 꾸미고 사는 지금, 집 하나하나 전부 애착이 가고 뿌듯합니다."

"결혼 3개월차. 아직 완벽히 만족하는 집은 아니지만 남들처럼 나도 예쁜 집에 한 번 살아보자며 막연히 따라 하기보다 우리 부부의 생각과 온기가 묻어나는 우리만의 공간으로 느리더라도 조금씩 조금씩 채워가려 해요."

"오래된 아파트라 방수공사가 필수라 이 부분은 전문업체를 통해서 했는데 마음에 안 드는 부분이 많았어요. 제가 잠시 해외출장을 다녀온 사이 사전에 정한 것과 다른 유리가 들어와 있는 등 문제가 많아서 '내 집이라는 생각으로 해주지 않는구나'라는 결론을 내렸죠. 셀프 리모델링을 결정하길 잘했다는 확신이 이 순간 들었어요."

인테리어 안목이 높아진 소비자들은 이제 시공업체를 방문해 카탈로그에 나온 대로 집을 꾸며달라고 맡기지 않는다. 고생스럽더라도 셀프 인테리어를 감행해 자신만의 집을 꾸미고, 자신이 원하는 감성을 가장 잘 나타낼 수 있는 인테리어 소품을 배치하면서 어느새 인테리어 전문가로 거듭난다.

애초에 안목이란 갑자기 생기거나 높아지기 어려운 것이다. 그런데 놀라운 것은 한국사람들의 인테리어 안목이 높아진 것이 불과 몇 년 되지 않는다는 사실이다. 우리는 어떤 계기로 인테리어에 집단적으로 눈을 뜨게 된 것인가. 답이 어렵지는 않다. 몇 년 전부터 인테리어 초보자들도 알고 있는 대표적인 감성이 나타났다. 바로 북유럽 감성의 인테리어다. 물론 북유럽 감성이 정확히 어떤 것이냐는 질문에 명확히 대답해주는 이는 많지 않다. 스칸디나비아 반도를 중심으로 위치한 북유럽 국가들은 겨울이 길고 밤도 길어서 상대적으로 밝고 따뜻한 인테리어를 선호한다는 것까지는 알 수도 있지만 '그래서 그 감성이 뭔데?'라고 물으면 여전히 애매하다. 구

〈'인테리어' 연관 감성 순위〉

1	북유럽	6	화이트
2	빈티지	7	따뜻한 느낌
3	럭셔리	8	크리스마스
4	모던	9	프렌치
5	이태리	10	핑크

출처 | Socialmetrics™, 2016.01.01~2018.08.31

글에 북유럽 감성 인테리어를 검색해서 뜨는 이미지를 봐도 다들 제각각이며, 그중에서 '이거다!'라고 하나 고르기도 어려울 정도로 그 감성은 매우 주관적이다. 그럼에도 한국에서는 모두들 자기 집 인테리어가 북유럽 감성이라고 한다. 조명부터 탁자, 심지어 슬리퍼까지 모든 인테리어 소품들이 이 감성을 표방한다.

북유럽 감성은 언제부터 나타난 것일까? 소셜미디어에서 북유럽 감성의 언급 추이를 살펴보면 '북유럽'과 '인테리어'가 함께 들어간 담론은 2012년부터 본격적으로 증가해 2015년에 정점을 찍었다. 왜 유독 2015년일까? 이케아가 광명점을 시작으로 국내에 진출한 때가 바로 이 무렵이다. 세계에서 북유럽 감성을 가장 사랑하는 한국시장에서 스웨덴의 이케아는 북유럽 감성을 통째로 느낄 수 있는 너무나도 좋은 브랜드였다. 소비자들은 이케아의 국내진출을 두 팔 벌려 환영했고, 반대로 위기감을 느낀 국내업체들은 이케아의 한국진출 저지를 위시한 대책 마련에 부심했다. 이케아가 오픈한 직후 광명 일대는 매장을 방문하려는 사람들로 인산인해를 이뤘으며, 소비자들은 여러 쇼룸을 구경하며 '이것이 진정한 북유럽 감성이구나' 하고 새삼 깨달았다.

이케아는 국내시장에서 나름의 성과를 거뒀지만, 국내기업들의 엄청난 우려와 다르게 시장을 잠식할 정도는 아니었다. 오히려 몇몇 국내기업은 이케아보다 더 성공했다. 특히 한샘은 2017년 매출 2조 원을 달성하며 브랜드 가구에서 50%가량의 점유율을 기록했다. 물론 한샘의 경쟁력이 높은 것은 두말할 필요 없다. 여기에다

이케아가 국내시장에 들어오면서 인테리어에 대한 사람들의 관심과 안목을 함께 높여놓은 것이 시장 자체를 키운 데 한몫했다. 국내 소비자의 특성도 도왔다. 한국 소비자들은 일일이 나사로 조립하는 DIY보다는 완제품을 선호하는데, 한샘이 이 덕을 많이 보았다.

여하튼 저마다 인테리어 전문가가 된 사람들은 각자의 집을 열심히 꾸미기 시작했다. 하지만 여기에는 한 가지 아쉬움이 있었는데, 정성 들여 꾸민 집 인테리어를 남들에게 보여줄 수 없다는 것이다. 과거에는 이사를 가면 통과의례처럼 집들이를 했지만 지금은 점차 사라지는 추세다. 친구를 초대해 집 구경을 시켜줄 기회가 좀처럼 없다.

하지만 사람들은 포기하지 않았다. 오프라인의 길이 막히니 온라인으로 집을 보여주기 시작한 것이다. 이것이 바로 '온라인 집들이'다. 《2017 트렌드 노트》에서도 주목했던 '오늘의 집'이라는 커뮤니티는 온라인 집들이를 통해 서로의 인테리어를 자랑하고, 각자 구입한 아이템을 공유하면서 남의 집을 탐구할 수도 있는 유용한 플랫폼으로 떠오르고 있다.

"얼마 전 새로 리모델링 진행한 저희 집 주방, 요즘 대세인 온라인 집들이로 보여드릴까 해요 :) 블랙&그레이톤으로 모던하고 깔끔하게 진행했어요."
"거실 온라인 집들이 살짜쿵 해보려고요 ㅋㅋ 매일 바쁘다는 핑계로 집안일은 나몰라라~ 했는데, 신랑과 함께 있던 주말이라 간만에 대청소 실시! ㅎ"

"이사 오고 약 세 달 동안 진행된 셀프 인테리어 과정을 기록하고자 ½ 온라인 집들이 시작해봅니다."

'오늘의 집'에서 사람들은 자신의 집을 사진에 담아 집안 구조를 설명하고 인테리어 소품과 비용을 일일이 알려주면서 직접 꾸민 공간을 타인에게 보여준다. 구경하는 이들이 감상을 남기면 다음에 반영하고, 다른 사람의 인테리어도 관찰하면서 더욱 안목을 넓혀간다.

이 과정이 무한루프로 반복될수록 인테리어는 더욱더 까다로운 과업이 된다. 온라인 집들이가 성행하면서 각자 구매한 인테리어 물품의 브랜드와 가격이 모두 공개되는 바람에 한 가지 브랜드로 통일할 수도 없게 된 것이다. 그것은 마치 패션리더라 자부하는 자가 백화점 마네킹이 입고 있는 세트 그대로 입고 나오는 것과 마찬가지로 감각 없는 행위다. 이제 믹스앤매치 능력이 더욱 중요해졌다. 자신이 추구하는 감성을 가장 잘 표현할 수 있도록 아이템을 조합해야 한다.

그렇다고 듣지도 보지도 못한 브랜드로만 꾸미는 것도 안 된다. 그 안에 '국민템' 하나쯤은 반드시 들어가야 한다. 예컨대 주방에는 루이스폴센 조명을 써야 하고, 거실에는 까사미아 헬싱키가 놓여야 한다. 그런 다음에 국민템과 가장 잘 어울리는 각자의 선택 아

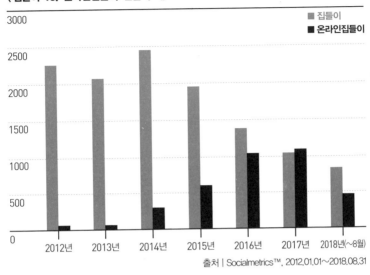

〈'집들이' vs. '온라인집들이' 언급 추이〉

출처 | Socialmetrics™, 2012.01.01~2018.08.31

이템들이 들어가는 것이다. 하지만 공교롭게도 그 컨셉은 매우 비슷하다. 루이스폴센 조명에 어울리는 식탁이 수십 종류이기는 어렵기 때문이다.

마케터라면 여기에서 한 가지 힌트를 얻을 수 있을 것이다. 나의 제품이 국민템이 될 수 없다면 국민템에 가장 잘 어울리는 제품으로 포지셔닝하는 것도 좋지 않을까? 국민MC 유재석 옆에 박명수가 있고 강호동 옆에 이수근이 있듯이, 스포트라이트는 받지 못하더라도 국민템이 자리한 공간에 항상 배치되는 아이템이 될 수는 있다.

1인자가 될 수 없다면
1인자를 빛내줄 '쩜오'라도 돼라.

한 가지 아이템이 그곳의 인테리어를 좌우한다

북유럽 감성이든 아니든, 누구나 각자 추구하는 자기 공간의 감성이 있게 마련이다. 그 감성이 가장 잘 표현되는 인테리어 컨셉 및 아이템들은 어떻게 정해지는 것일까?

각 공간마다 인테리어 방향을 정해주는 시작 포인트가 있다. 아이방은 책상 또는 침대에 따라 인테리어가 결정된다. 일룸 책상을 놓기로 했다면 그 방의 컬러는 일룸 의자의 색상에 따라 정해진다. 안방에서 가장 중요한 아이템은 침대다. 특히 최근에는 침대의 프레임보다 매트리스에 대한 관심이 높아지면서, 매트리스를 먼저 정한 다음 그에 맞는 프레임을 짜는 추세다.

그런데 유독 가구가 아닌 가전이 인테리어를 주도하는 공간이 있다. 바로 거실, 그중에서도 신혼의 거실이다. 신혼집에서 거실은 매우 중요한 공간이다. 사랑하는 연인이 드디어 한 가정을 이룬 직후라 신혼부부는 집에서의 모든 일을 함께하게 된다. 그리고 그 공간은 안방보다는 거실이다.

"썰렁할 정도로 심플한 신혼부부 침실이에용 ㅋㅋ저희는 주로 거실에서 생활하고 안방에서는 잠만 자거나 화장밖에 안 하거든용! ㅋ 그래서 안방에는 침대랑 화장대밖에 없답니다!!"
"달달한 신혼생활… 같이 막 밥 다 먹고 나선 막 거실에서 같이 누워서 티비 보고 얘기하고, 주로 거실에서 생활함…"

〈대상별 집 공간 언급 순위〉

여성		남성		싱글		신혼		10대	
1	거실	1	거실	1	주방	1	거실	1	방
2	주방	2	주방	2	방	2	주방	2	주방
3	안방	3	방	3	거실	3	안방	3	거실
4	방	4	안방	4	베란다	4	방	4	마당
5	베란다	5	마당	5	화장실	5	화장실	5	안방
6	화장실	6	화장실	6	욕실	6	베란다	6	내방
7	욕실	7	베란다	7	마당	7	드레스룸	7	화장실
8	아이방	8	서재	8	침실	8	침실	8	테라스
9	마당	9	내방	9	안방	9	서재	9	베란다
10	침실	10	테라스	10	내방	10	욕실	10	서재

출처 | Socialmetrics™, 2016.01.01~2018.08.31

"평수는 24평이고, 확장형이에요. 그래서 그런지 거실이 크게 빠져서 정말 맘에 들어요. 저는 방보다 거실이 넓은 게 좋거든요… 거의 거실에서 생활하다 보니…"

특히 부부가 퇴근 후 함께 소파에 앉아 맥주를 마시며 TV 보는 것은 예비신혼부부가 가장 먼저 연상하는 장면일 것이다. 그러므로 신혼의 거실에서 가장 중요한 것은 TV와 소파다. 그런데 일반적으로 신혼집의 거실은 TV를 놓기에는 매우 협소하다. 소셜미디어에서 신혼부부가 혼수로 가장 많이 언급하는 TV 크기는 55인치, 65

인치, 60인치 순이다. 소파와 TV 사이의 시청거리가 그토록 짧지만 이들은 가장 큰 화면으로 영화나 드라마를 즐기고 싶어 한다. 결국 대부분의 신혼부부는 이 3가지 사이즈에서 TV를 고른다.

TV가 결정되었으니 그와 어울리는 거실장을 선택할 차례다. 대형 TV를 놓아야 하니 거실장 역시 길어야 한다. 그렇다면 결론은 자연스럽게 까사미아의 헬싱키로 정해진다. 거실장 가운데 거의 유일하다 할 정도로 대형 TV에 잘 어울리는 데다 원목이라 따뜻한 느낌을 잘 표현한다. 이제는 거실장에 따라 자연스럽게 거실의 아이템 컨셉이 원목으로 정해진다. 그 분위기에 어울리려면 선풍기도 엔틱해야 하고, 거실과 이어지는 주방 식탁도 원목 디자인이어야 한다. 거실장 옆에 식물 하나쯤은 반드시 있어야 하는데, 그것이 스투키라면 더욱 근사하다.

대형 TV가 원목 소재의 아이템이 가득한 거실 인테리어를 결정하는 것이다.

"까사미아에 대표적인 헬싱키! 몇 년 전 출시되긴 했지만 인기 높은 상품이죠. 조금 단조로워 보이긴 해도 저기 위에 티비만 올려놓고 옆에 커다란 식물 놓으면 깔끔하니 예쁘더라고요~"
"까사미아 헬싱키 TV장과 스투키는 무슨 세트더라고요? 네이버 블로그 검색하면 다 저렇게 나와. 그래서 나도 덩달아. ㅋㅋㅋㅋ"

'인테리어를 위해 TV 크기는 포기할 수도 있지 않나?' 이러한 의

전체는 시작점이
무엇이냐에 따라 다르게 결정된다.

문을 가지는 마케터들도 있을 수 있다. 하지만 각자의 제품은 그것을 결정하는 대상을 반드시 생각해야 한다. TV는 수많은 혼수품 가운데 드물게 남성의 결정권이 높은, 거의 유일하다시피 한 제품이다. 그들에게 작은 TV에 만족하라는 것은 자신이 결정할 수 있는 모든 권리를 포기하라는 것과 같다. 그러므로 여성들 또한 남편의 결정을 존중해주고 그에 맞춰 거실을 꾸며가는 것이다.

이 점에 착안한 제품이 출시된 적이 있다. 삼성전자가 2015년에 선보인 '셰리프TV'는 TV가 거실 한가운데를 차지하는 가전이 아니라 인테리어 요소가 되어야 한다는 아이디어에서 출발해 네모반듯한 기존 TV와 차별화를 꾀했다. TV스탠드가 있어 거실장이 필요 없는 데다 그 자체로 예뻐 많은 예비신혼부부들이 선호했다. 비싼 가격 때문에 대중적 인기를 누리지는 못했지만 삼성이 셰리프TV 생산을 중단하자 일부 소비자들 사이에 품귀현상이 빚어져 재고를 확보해둔 인터넷 오픈마켓에서는 정가를 뛰어넘는 가격에 판매되기도 했다. 그 후에는 남성과 여성 모두 만족시키는 제품이 발견되지 않았고, 여전히 대형 TV를 구매하고 그에 맞춰 집을 꾸미고 있다.

최근 공간에 대한 관심이 높아지면서 관련 시장도 커지고 있다. 공간을 채우는 시작점이 무엇인지, 그리고 누가 그것을 선택하는지 염두에 두는 것은 기획 및 마케팅에 매우 중요하다. '그 아이템'부터 시작해 점차 주변을 채우는 형태로 접근한다면 소비자들이 만족할 수 있는 컨셉을 제시할 수 있을 것이다.

당신의 관심사는 무엇인가요?

집안의 모든 환경은 내가 어떤 것에 가장 큰 가치를 두느냐에 따라 천차만별로 달라진다. 아무리 고급스러운 바닥재라도 반려견이 있는 가족에게는 추천할 수 없다. 반대로 플랜테리어를 꿈꾸는 신혼부부에게 공기청정기는 반드시 구매해야 할 필수품이다. 제품을 단순히 기능적 측면으로 어필하기보다, 소비자의 라이프스타일에 기반해 미충족수요(unmet needs)를 해결해주는 커뮤니케이션을 지향해야 한다.

Chapter 6.

가족 구성원의 변화 염한결

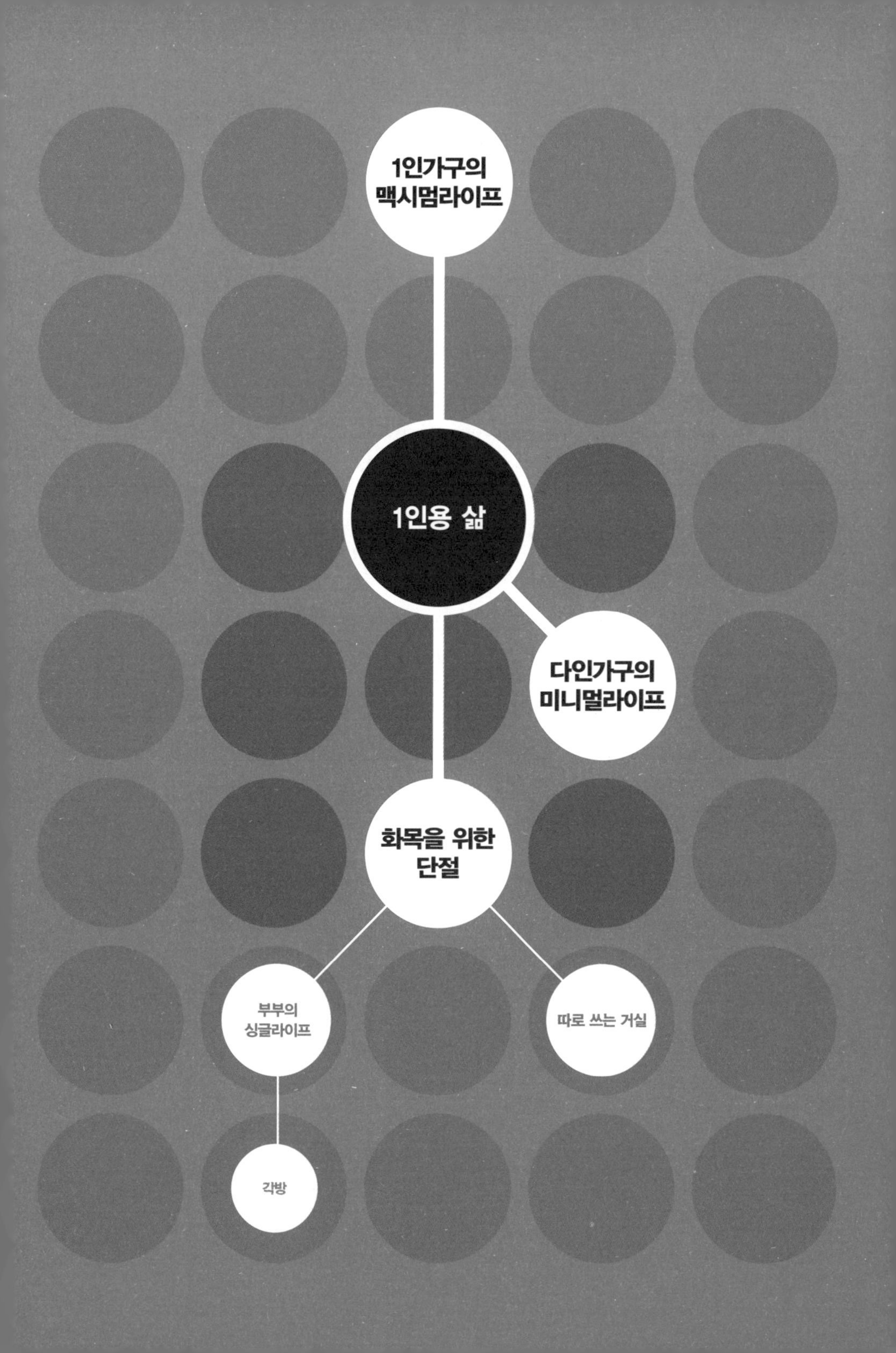
1인가구의
맥시멈라이프
1인용 삶
다인가구의
미니멀라이프
화목을 위한
단절
부부의
싱글라이프
따로 쓰는 거실
각방

멈출 줄 모르는 1인가구 시장의 성장

최근 몇 년 동안 우리나라에서 가장 주목받고 있는 시장을 꼽으라고 하면 1인가구 시장이 아닐까? 2000년까지 '4인〉3인〉2인〉1인' 순이었던 한국의 가구구조는 2012년을 기점으로 '1인〉2인〉3인〉4인'으로 역전되었다. 또한 통계청에 따르면 2017년 우리나라의 가구수는 처음으로 2000만 가구를 넘어섰는데, 그중 1인가구 비율이 30%에 육박했다.

혼자 사는 가구가 30년 사이 8배 가까이 늘어나면서 1인가구 시장은 더욱더 주목받고 있으며, 앞으로도 한동안은 지지 않을 시장으로 예측되고 있다. 특히 2010년 7700억 원이었던 국내 HMR 시장 규모는 2013년 1조 원, 2014년 1조 5000억 원을 돌파한 데 이어 2017년에는 3조 원으로 커졌다. 해마다 20% 이상의 기록적인 성장세를 보이고 있어, 2018년에는 4조 원 규모로 성장할 전망이다.[1]

---

1) 출처 : 한국농수산식품유통공사

〈'1인가구' 및 '1인가구+출시' 관련 기사수 추이〉

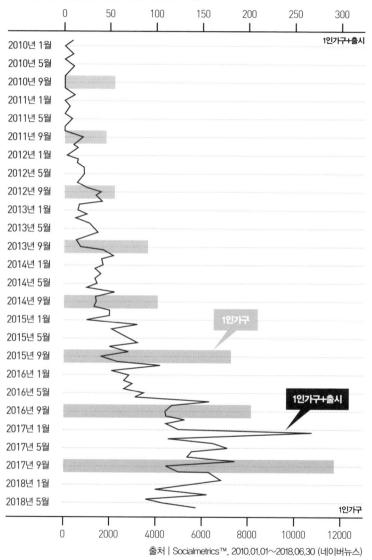

출처 | Socialmetrics™, 2010.01.01~2018.06.30 (네이버뉴스)

하지만 괄목할 성장세에만 집중하느라 간과하면 안 될 지점이 있다. 1인가구 시장의 소비자는 1인가구만이 아니다. 물론 1인가구수의 증가가 1인가구 시장을 거대하게 키운 것은 누구도 부인할 수 없는 사실이다. 하지만 1인가구 시장의 소비자에는 다인가구도 포함된다. 1인가구를 위한 상품을 다인가구에서도 선호하고 구매하며, 그 결과 시장이 더 커졌다. 요컨대 우리가 주목해야 할 것은 '1인가구'라기보다는 '1인용 삶'이다. 1인용 삶은 우리에게 어떻게 다가오고 있는 것일까?

잘 먹고 잘 사는 1인가구

변화하는 가구 구성과 성장하는 시장은 '혼자'에 대한 우리의 인식 또한 바꿔놓았다. 무언가를 혼자 하는 것이 더 이상 외롭거나 안된 일이 아니라는 인식이 일반화되었으며, 오히려 혼자 하는 것이 즐겁고 편한 긍정적 활동으로 여겨지기 시작했다. 평일 점심시간에 사무실 근처 식당을 가보면 혼자 식사하는 이들이 드물지 않게 보일 것이다. 물론 지금도 혼자 먹는 것이 어색하고 처량하게 느껴져 혼자 먹을 바에는 굶겠다는 사람도 있겠지만, 그런 이들조차 식당에서 혼자 먹는 누군가에게 동정의 눈길을 보내지는 않을 것이다.

혼자에 대한 터부가 사라지고 있는 지금, 1인가구는 더 이상 외로움의 상징이 아니다. 특히 젊은 세대들은 부모님의 집에서 독립해

〈'혼자' 연관 감성어 추이〉

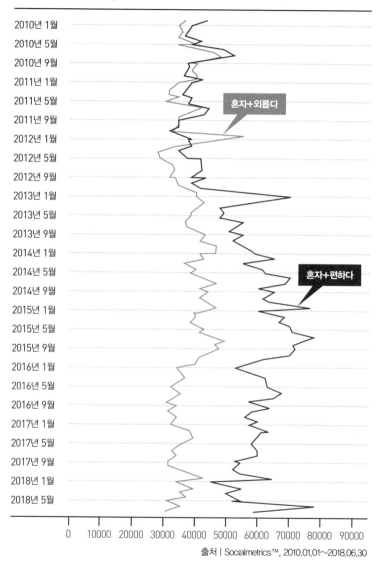

혼자+외롭다

혼자+편하다

출처 | Socialmetrics™, 2010.01.01~2018.06.30

자신만의 공간을 만들고 싶어 하며, 비혼을 결심하고 혼자 살기를 선택한다. 그것이 한 번 사는 인생, 오로지 나를 위해 살 수 있는 가장 좋은 방법이라 여기기 때문이다.

하지만 혼자에 대한 사람들의 인식이 긍정적으로 바뀌고 있는 것과 달리 기업들이 1인가구 소비자를 바라보는 시선은 여전히 과거의 틀에 매여 있는 듯하다. 아직까지 많은 기업들이 1인가구를 안쓰럽게 생각하고 그들을 위로해줄 도구나 방법을 제시하고 있다. 영양섭취가 부족한 자취생을 위해 엄마가 해준 것 같은 반찬을 판매하고, 혼자 사는 그들에게 친구처럼 말 걸어주며 외로움을 달래줄 스마트스피커를 출시하는 데에서 1인가구를 바라보는 기업들의 인식을 엿볼 수 있다. 아니면 1인가구에 특화된 차별성 없이 그저 기존 상품이 소형으로 제작돼 출시되는 것이 대부분이다. 1인가구 소비자에 대한 기업들의 대표적 착각은 다음과 같다.

첫째, 혼자 사는 이들은 모든 활동도 혼자 할 것이라 생각한다는 것이다. 홀로 여행을 떠나는 사람들이 모두 싱글이 아니듯, 모든 1인가구 구성원이 혼족은 아니다. 그들 또한 타인과 관계 맺으며 살아가고, 때로는 함께 활동하는 것을 즐긴다. 물론 누군가와 함께 사는 사람들에 비해 혼자 있는 시간이 많지만, 그들 또한 타인과의 교류가 잦다. 퇴근 후 집에서 혼밥에 맥주 한잔을 곁들이는 경우가 적지는 않겠지만 매일 그렇게 지내지는 않을 것이라는 뜻이다. 때로는 혼자, 때로는 같이하며 평범한 일상에서 다양한 라이프스타일을 즐긴다. 하지만 현재 많은 기업들은 1인가구용 제품/서비스를 '혼자 하는 상황'에서만 사용할 수 있게끔 제공하고 있다. 무조건 1인용만을 제공하기보다는 상황에 맞는 적절한 상품과 커뮤니케이션을 고민해야 한다.

둘째, 혼자 사는 사람은 모든 것을 작거나 적게 구입할 것이라는 오해다. 대표적인 예로, 많은 기업이 혼자 사는 사람은 소형가전을 선호할 것이라고 지레짐작한다. 소형밥솥이나 1인용 책상 등은 적절할 수 있다. 하지만 소형 TV나 소형 세탁기라면 얘기가 달라진다. 혼자 사는 경우는 빨래가 더 자주 밀린다. 일주일 내내 쌓아둔 빨래를 주말에 몰아서 하기 때문에 소형 세탁기는 쓸모가 없다. TV 또한 안 사면 안 샀지, 일단 구매하면 대형을 선호한다. 그뿐인가, 때로는 1인가구도 벌크 상품을 좋아한다. 한 번에 소비하는 양은 적어도 살 때는 한꺼번에 사서 쟁여놓는다. 수많은 자취생들이 코스트코를 애용하고, 쿠팡에서 대량으로 물건을 주문한다. 반대로 집에서 밥을 하지 않는 4인가구가 오히려 늘고 있다. 그러므로 혼자 사는 사람들은 모두 소형가전을 쓰고 소포장 제품을 찾을 것이라는 생각은 성급한 일반화의 오류다. 소형, 소량 제품을 구상할 때에는 1인가구에서 시작하되 타깃을 넓게 볼 필요가 있다.

셋째, 혼자 사는 사람일수록 가성비를 따지고 간편한 것을 찾으리라는 인식이다. 1인가구의 주방을 그릴 때 찬장 속에 라면만 가득할 것이라고 말하는 마케터는 그들에 대해 아무것도 모른다고 장담할 수 있다. 그럼에도 여전히 많은 기업들은 더 저렴한 가격,

질보다는 양을 내세워 1인가구 소비자와 커뮤니케이션하고 있다. 앞에서 언급한 바와 같이 엄청난 성장을 이룬 HMR 시장의 가장 큰 소비자는 1인가구가 아니다. 1인가구 시장을 겨냥해 출시된 피코크는 현재 50대 주부가 가장 많이 애용하고 있다.

"애들은 만날 학원 갔다가 늦게 오고, 남편도 대부분 저녁 먹고 들어와서 항상 간단히 차려서 해결해요."
"존슨부대찌개~ 피코크 거 정말 맛있고 간편하네요~~ 부대찌개도 역시 피코크ㅎㅎ 엄마랑 저는 피코크 마니아예요~ 정말 너무 맛있고 간편해서 좋아요 ㅎㅎ"

〈HMR 구매고객 비중〉

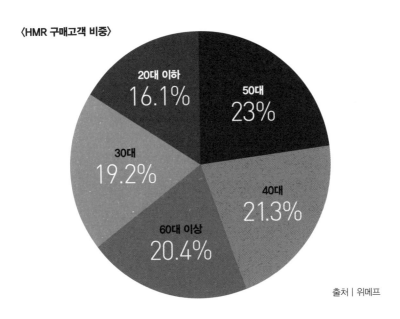

20대 이하
16.1%

50대
23%

30대
19.2%

40대
21.3%

60대 이상
20.4%

출처 | 위메프

"퇴근하는 길에 장봐서 제대로 한상 차려 먹고 있어요. 지난번 샀던 트러플 소금 개시해서 간하고 버섯과 통마늘도 고기 육즙 남아 있는 팬에 버터를 함께 넣어 구워주고요~"

"자취하고 더 제대로 차려먹는 요즘 ㅋㅋㅋㅋ 백종원 레시피 따라하면서 요리 배웠더니 이제 나도 어느 정도 웬만한 요리는 다 할 수 있는 것 같다."

오히려 1인가구는 한 끼를 먹더라도 제대로 먹고 싶어 한다. 퇴근후 집에 와서 자신을 위해 먹기도 좋고 보기도 좋은 음식을 만들어 먹는 것이 싱글들의 행복이라면, 주부들의 저녁 한 끼는 매일매일 준비해야 하는 노동이자 고민거리다. 애써 준비해도 남편은 야근하느라, 자녀는 학원에 가느라 맛있게 먹어줄 사람이 없다. 이런 주부들에게 다양한 메뉴의 피코크는 너무 좋은 해결사다. 가족 구성원 각자가 그날 먹고 싶은 음식을 데워서 먹으면 된다. 엄마의 역할은 피코크가 떨어지지 않게 채워 넣는 것이다.

1인가구와 다인가구 모두의 성원에 힘입어 1인가구 시장은 급성장하는 중이다. 그런데 기업들은 여전히 과거와 같은 시선으로 1인가구 소비자를 바라보며 상품을 기획하고 있다. 점차 증가하는 1인가구를 안쓰럽게 바라보는 한 그들의 공감을 얻기는 어려우며, 다인가구의 호응도 얻지 못할 것이다. 1인가구를 위한 상품개발은 더 이상 외로움을 달래주는 것이 아니라 그들의 멋진 라이프를 빛내주는 것이어야 한다.

싱글은 (당신의 생각과 달리) 전혀 외롭지 않다.

맥시멈라이프를 즐기는 1인, 미니멀라이프를 꿈꾸는 4인

성장하는 1인가구 시장과 함께 큰 주목을 받고 있는 라이프스타일 트렌드 중 하나는 바로 미니멀라이프다. 미니멀라이프는 생활에 필수적인 물품을 제외한 모든 것들을 비움으로써 심플한 삶을 강조한다. 이러한 삶의 패턴은 유목생활을 하는 싱글들과도 잘 어울려 많은 이들이 현재의 미니멀라이프 트렌드를 1인가구가 이끌어간다고 생각한다.

"현관문을 열고 들어오면 제일 먼저 반기는 나의 신발들… 자취를 시작하면서 내가 좋아하는 운동화를 한두 켤레씩 사서 모으다 보니 어느새 집안에 신발들로 가득 찼다. 그래도 집에 들어와서 신발을 보면 마음에 평화와 안정이ㅎㅎ"

"사람들은 육아를 시작하면 제아무리 미니멀했던 집도 '맥시멀'한 집이 된다고 했습니다만 오히려 우리는 육아로 인하여 미니멀라이프에 눈을 떴습니다. 이사와 동시에 잡다한 취미용품과 아기가 쓰던 유아용품을 모두 헐값에 처분하고 꼭 쓸 것들만 모아서 가져왔어요."

이 두 사례는 각각 미니멀라이프와 맥시멈라이프를 살고 있는 두 가구의 이야기다. 이미 짐작했겠지만 첫 번째는 싱글 자취생의 이야기이고, 두 번째는 어린아이를 둔 3인가구의 이야기다.

2인 이상의 가족이 사는 가구는 일정한 생애단계를 거친다. 그 시

집의 변화

작은 결혼이다. 결혼은 인생을 통틀어 단기간에 가장 많은 물건을 사는 시기다. 가전과 가구부터 숟가락, 젓가락까지 생활에 필요한 모든 제품을 구매한다. 분위기 있는 저녁을 위한 조명과 식탁보, 저녁에 수다 떨며 보는 TV까지 모든 제품이 신혼부부에 맞춰져 있다.

그러다 아이가 생기면 신혼 때 마련한 물건들의 절반 이상은 쓸모없어진다. 사실은 쓸모없다기보다 쓸 수 없게 된다. 북유럽 감성을 한껏 더해주던 거실의 러그는 아기가 마음껏 뒹굴 수 있는 아기 매트로 대체된다. 임신한 순간부터 모든 구매 제품이 아이에게 맞춰진다. 배냇저고리부터 국민 아이템이라 불리는 제품들을 섭렵하기 시작한다. 아이가 태어나면 매년 또는 매월, 때로는 매주 아이가 쓸 제품을 구매하고 월령에 맞지 않는 제품은 버리거나 나눔을 하거나 되판다. 오늘날처럼 자녀를 많이 낳지 않는 풍조에서는 동생에게 물려줄 일도 없으니, 월령에 맞지 않게 된 물건은 더 이상 필요 없다. 그 이후에도 자녀들의 성장, 입학, 독립 등에 따라 매번 새로운 물건이 생기고 필요 없는 물건은 계속 처분된다.

반면 1인가구는 그렇지 않다. 그들에게는 매년 올라가는 학년도 없고, 가구 구성원의 변동도 없다. 따라서 어느 한때만 쓰다가 버릴 쓸모없는 제품도 없다. 또한 4인가구는 가족끼리 공간을 공유해야 하지만 1인가구는 집의 모든 공간이 자신만을 위한 공간이다. 그래서 4인가구보다 마음대로, 제대로 된 취미활동을 집에서 할 수 있다. 내 공간이 있으므로 더 좋은 장비, 더 좋은 재료들을 구입할 수 있다.

이런 삶의 방식에서는 미니멀라이프가 오히려 불가능하다. 미니멀라이프의 가장 중요한 공식은 절제보다는 비움이다. 구매 자체를 차단하는 것이 아니라 필요한 제품은 구매하되 그것이 불필요해질 때 적절하게 비우는 것이다. 미니멀라이프로 사는 사람은 사진이 있으면 그것을 스캔하여 외장디스크에 저장하고 사진은 버린다. 그럼으로써 부피를 줄이는 것이지, 처음부터 최대한 자제하면서 사진을 찍는 것이 아니다.

미니멀라이프를 동경하고 실현하고자 애쓰는 쪽은 오히려 2인

〈상황별 언급 제품〉

	혼수		임신		출산
1	전자제품	1	옷	1	옷
2	가구	2	침대	2	기저귀
3	냉장고	3	유모차	3	침대
4	침대	4	이불	4	젖병
5	세탁기	5	장난감	5	유모차
6	이불	6	카시트	6	가방
7	소파	7	아기띠	7	카시트
8	그릇	8	임부복	8	내복
9	에어컨	9	좌욕기	9	세탁기
10	인테리어	10	공기청정기	10	의자

출처 | Socialmetrics™, 2016.01.01~2018.08.31

이상 가구들이다. 아기가 태어나면 신생아 침대를 장만한다. 부부 침대 옆 바닥에서 재우기는 불안하고, 침대에서 같이 잘 수도 없다. 그렇다고 좋은 신생아 침대를 사기에는 사용하는 기간이 얼마 되지 않는다. 아기가 기어다니는 순간 침대는 굴러 떨어지기 십상인 절벽이 되기 때문이다. 그래서 저렴하면서도 안전한 아기 침대를 고르는데, 많은 부모가 이케아 제품을 선택한다. 반년 남짓 쓰는 데 7만 5000원이면 충분하다. 그리고 아기가 어느 정도 크면 그 침대는 처분된다. 비워지는 것이다.

이처럼 미니멀라이프가 1인가구보다 2인 이상의 가구에 더 어울리는 것이라면, 관련 제품 기획과 마케팅도 달라져야 한다. 사람들이 과거처럼 큰돈 들여 장만해 오래 쓰는 제품을 찾기보다 '해당 시기'에 가장 잘 활용할 수 있는 제품을 선호한다면, 너무 긴 품질 보증보다는 기간은 짧지만 확실한 케어를 해주는 서비스가 더 좋을 수 있지 않을까?

매 시간 바뀌는 거실의 주인

집을 오롯이 자신만을 위해 쓸 수 있는 1인가구와 달리 다인가구의 공간은 매 순간 용도가 달라진다. 내 방을 제외한 나머지 공간은 가족과 공유해야 한다. 특히 거실은 모든 가족 구성원이 함께 사용하는 곳이다. 하지만 그곳이 같은 시간에 공유되는 것은 아니다. 각자 이용하는 시간이 다르며, 그때마다 공간의 용도도 달라진다. 즉 매 시간 거실의 주인이 바뀐다는 뜻이다.

아침 거실의 주인은 엄마다.

"아침부터 유부초밥 해서 큰애 먹여 학교 보내고 남편도 출근시키고 난 후 거실에서 여유롭게 블로그하면서 커피 한잔 하고 있어요. 따뜻한 아침햇살이 거실창 안으로 비춰지는 모습이 넘 이쁜 행복한 아침이네요~"

남편의 출근과 아이의 등교 준비를 마치면 그때부터 엄마는 잠시나마 자유의 시간을 보낸다. 그러다 오후가 되면 자녀가 거실의 주인이 된다.

"학교 끝나고 집까지 20분 걸어와서 에어컨 켜고 샤워하고 거실에 편한 자세로 자리 잡고 누워서 티비 틀었는데 딱 방탄 나와서 집중해서 봄 ㅋㅋㅋㅋ 완전 천국"

가끔 엄마가 거실에 오기도 하지만 그나마 엄마는 한 공간에 있어도 불편하지 않다. 문제는 아빠다. 아빠가 퇴근해서 집에 돌아오면 그때부터 거실의 주인은 아빠가 되고, 자녀는 바로 자기 방으로 들어간다.

"안녕하세요 보고 싶은데 거실에 아빠 주무셔 내일 봐야지"

"아 아빠 퇴근… 간만에(?) 일찍 오셨네 근데 나도 동생도 인사만 하
고 각자 방으로ㅠㅠ 엄만 이미 자고 있고 아빠 혼자 거실에서 티비 틀
어놓고 뭐 드시는 듯한데… 뭔가 안되신 거 같긴 하지만 옆에 같이 있
기도 뭐하고"

하루 종일 모든 가족 구성원이 거실이라는 공간을 사용하지만 함
께 사용하는 것이 아니다. 그렇다고 그들의 관계가 단절된 것은 아
니며, 화목하지 않은 것도 결코 아니다. 가족식사, 가족여행 등 행
사나 이벤트에 대한 거부감도 없다. 하지만 그 외 일상까지 공유하
는 것은 원치 않는다. 가족과 함께할 수 있는 것이 있고, 혼자 하고
싶은 것이 있다. 하지만 아직도 가족의 화목을 최우선으로 여기는
아빠는 방탄소년단 멤버들의 이름을 힘겹게 외우고서는 술냄새를
풍기며 아이 방문을 노크한다. '뷔가 잘생겼지?'라고 나름대로 대
화를 시도해보지만 아이의 생각은 바로 이렇다.

"방에서 방탄 엠카무대 보는데 아빠가 들어와서 같이 보자고 해서 걍
끄고 냉장고 가서 물 마시고 옴 ㅋㅋㅋㅋ"

"아빠 만날 내가 방탄 보고 있을 때 아는 척해서 말 걸어＿＿"

가족이라고 해서 모든 것을 공유하는 것은 아니다. 가장 가까운
사이라 하더라도 공유하고 싶은 것과 그러기 싫은 것이 있다. 많은

〈'우리 집' 언급 추이〉

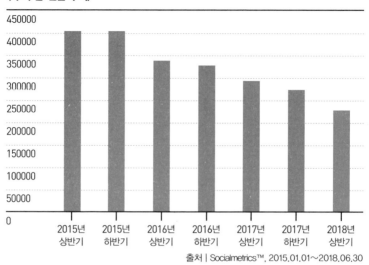

출처 | Socialmetrics™, 2015.01.01~2018.06.30

〈'내 방' 언급 추이〉

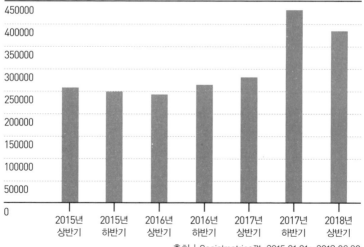

출처 | Socialmetrics™, 2015.01.01~2018.06.30

아빠들이 아이의 관심사를 공유하려 하지만 헛된 노력이다. 방탄소년단 콘서트를 함께 가는 것보다 친구와 가라고 용돈을 주는 편이 더 낫다. 가족 간의 이러한 관계맺음을 가장 잘 보여주는 것이 거실이다. 장소는 공유되지만 활동이 동시에 이루어지지는 않고, 드물게 거실에 함께 있더라도 각자 다른 활동을 한다. 하지만 많은 기업들이 여전히 화목한 가족의 모습을 거실의 분위기로 표현한다. 공감을 사기는커녕 어색한 분위기만 연상시키는데도 말이다.

이처럼 다인가구의 생활에도 1인가구의 일상이 곳곳에 나타난다. 한정된 시간 동안 점유할 수 있는 거실보다 내 방에 애착이 큰 것은 당연하다. 내 방은 내가 가장 편하게 나만의 활동을 할 수 있는 공간이다. 소셜미디어 상에서도 '우리 집'의 언급은 줄어드는 반면 '내 방'에 대한 언급은 증가하고 있으며, 가족 전체보다는 나만을 위한 장소가 중요해지고 있다. 거실은 나 혼자 쓸 때 외에는 필요도, 관심도 없는 공간이다.

싱글같이 살고 싶은 기혼

다인가구의 1인가구화는 부모와 자식 간에만 나타나는 게 아니다. 부부에게도 '따로 또 같이' 하는 삶의 방식이 최근 뚜렷해지고 있다. 서로 사랑하여 평생을 함께하자고 맹세하며 부부가 되었지만, 모든 활동을 함께하지는 않는다. 오늘날 많은 부부들은 때로는 활동을 공유하고, 때로는 자신만의 라이프스타일을 즐기며 행복한 결혼생활을 영위한다. 취미생활을 따로 하고, 여행을 따로 다닌다. 부부라고 해서 더 이상 일심동체가 아닌 것이다.

이러한 변화를 낳은 몇 가지 배경이 있다.

첫 번째, 오늘날 30~40대 부부는 유년시절부터 '내 방'이라는 것을 가졌던 첫 세대다. 그 윗세대들은 내 방이라는 것이 없었다. 가족은 많고 집은 좁아서 여러 형제가 한 방에 나란히 누워 같이 잤다. 그러다 국가적으로 산아제한 정책이 시행돼 자녀가 많아야 셋이고 대부분 둘 정도가 되면서 아이들도 내 방이라는 것이 생겼다. 지금의 30~40대는 어릴 때부터 내 침대, 내 책상이 있는 내 방에서 자랐는데, 결혼하면서 내 방이 없어진 것이다. 나만의 공간은 없어지고 우리 방 또는 안방에서 생활하면서 그들은 많은 혼란을 겪게 된다. 그럴수록 나만의 공간이 더욱 간절해진다.

두 번째는 경제적 이유다. 최근 결혼을 거부하는 이들이 증가하고 있는데 개인의 자유, 나만을 위한 삶 등 다양한 이유가 있겠지만 무시할 수 없는 가장 중요한 이유 하나는 돈이다. 결혼하고 가정을 꾸리는 데 많은 돈이 들고, 이는 결혼을 결심하는 데 장애요소가 된다. 거꾸로 말하면 결혼한다는 것은 재정적으로 어느 정도 기반이 다져졌다는 뜻이다. 재정적으로나 사회적으로 자리를 잡은 상태이거나 부모의 경제적 도움이 있을 때 결혼을 한다. 과장을 보태면 최근에는 결혼한다는 것 자체가 성공한 삶을 보여주며, 다자녀가 부의 상징이 되었다. 경제적 안정은 곧 여유가 있다는 것이고, 가족이 허리

끈 졸라매며 지지고 볶고 살기보다는 한 지붕 아래에서도 각자의 취미를 즐길 수 있는 기회가 많다는 것을 의미한다.

세 번째는 부모의 육아 도움이다.

"아가와 남편 없이 혼자 여행 갑니다! 꺄아~ 아가가 한 8개월쯤 됐을 때 남편한테 그랬어요. 나 혼자 여행 다녀올 거다! 원래도 혼자 다니는 거 좋아해서 곧잘 혼자 여행 갔었어요. 친정엄마 찬스로 아기 맡기고 남편은 알아서 잘 있을 거라 믿고 떠납니다 ㅎㅎ"

"오늘은 오랜만에 시어머니 찬스로 아이 맡기고 친구들끼리 만나서 여유롭게 점심 먹었어요. 날도 좋고 기분도 좋고 ㅎㅎㅎ"

할머니 할아버지의 육아 도움이 많아지면서 그만큼 엄마 아빠의 자유시간이 늘어난다. 아이가 대학 갈 때까지 여행은 꿈도 못 꾸었던 과거와 달리 이제는 편하게 떠난다. '엄마 찬스'를 쓰면서 말이다.

각자의 라이프스타일을 즐기는 그들을 이해하기보다, 그래도 부부란 모든 것을 함께해야 좋다고 생각하는 기성세대에게는 충격적일 수 있는 소식이 하나 더 있다. 최근 각방을 쓰는 신혼부부들이 늘고 있다는 것이다. 몇 년 전만 해도 부부가 각방을 쓴다는 것은 별거와 같은 수준으로 이해되곤 했다. 부부 사이가 한계에 다다랐다는 것을 의미할 정도로 각방 생활에 부정적이었는데, 최근 많은 신혼부부들이 각방을 쓰고 있다.

살 만큼 산 중년이나 노년부부도 아닌 신혼부부들이 왜 각방을

▲한샘 헤더 모션침대

쓸까? 서로 다른 삶의 패턴 때문이다. 맞벌이하는 신혼부부의 출퇴
근 시간이 서로 다르면 아침에 일어나는 시간도 차이가 난다. 일찍
나가는 남편의 알람이 울리면 어쩔 수 없이 아내도 같이 일어나게
된다. 하지만 각방을 쓰면 그러한 불편함이 사라진다. 설령 신혼시
절은 일심동체로 지냈더라도 아이가 태어나면서 자연스레 각방 생
활이 시작된다. 아빠의 출근시간과 아이의 기상시간이 너무 다르기
때문에 아빠는 다른 방에서 자고 알아서 일어나 출근한다.

삶의 패턴뿐 아니라 심한 코골이 때문에 떨어져 자기도 하는 등,
각방을 쓰는 이유는 다양하다. 하지만 오해는 금물이다. 이러한 생
활은 결코 관계에 해롭지 않을뿐더러 오히려 화목한 가족관계의
버팀목이 된다. 더 이상 무조건적인 희생과 불편함을 감수하고 살

집의 변화

모든 것을 공유하려 하지 말라.
가장 가까운 사이에도 단절은 필요하다.

필요가 없는 것이다. 이러한 흐름을 타고 가족이 서로 다른 패턴의 삶을 살 수 있도록 도와주는 가구들도 많이 출시되고 있다. 모션베드가 좋은 예다. 이 침대는 부부가 함께 자면서도 각자의 방식을 존중할 수 있도록 해준다.

　지금까지 살펴본 바와 같이, 1인가구 시장의 성장은 1인가구수의 증가에 따른 것을 넘어 모든 가구의 1인가구화 현상에서 비롯된 것이다. 특히 다인가구는 한 집에 같이 살면서도 각자의 삶을 존중하고 각자의 공간을 침범하지 않는 합의점을 모색하며 살고 있다. 1인가구 시장의 가능성은 여전히 크지만, 기왕이면 모든 소비자들을 아우를 수 있는 넓은 시야를 가지고 1인가구의 특성을 파악하자. 시야를 넓힐수록 기회도 커질 것이다.

1인용을 바라보는 관점을 바꾸자

1인용은 1인가구만 쓰는 것이 아니고 대형 가전은 다인가구의 전유물이 아니다. 50대 주부가 간편식을 가장 많이 애용하며, 30대 싱글 남성이 가장 큰 스크린의 TV를 찾는다. 가구 구성수를 볼 것이 아니라 그 상황에 맞는 구성원을 봐야 한다.

가족의 화합을 강요하지 말라

가장 가까운 사람이라 해도 모든 것을 공유하고 싶지는 않다. 부부 사이에서도 때로는 싱글라이프를 즐기고 싶다. 하지만 여전히 기업이 생각하는 화목한 집의 모습은 모든 가족 구성원이 거실에 나와 과일을 먹으며 사소한 부분까지 모두 공유하는 것이다. 같이 모여서 같은 활동을 하는 것만이 화목은 아니며, 각자 자신만의 활동을 한다고 해서 화목하지 않은 것도 아니다. 각자의 삶을 존중해줘야 한다.

Part 3

화
변
의
소
비

Chapter 7.

노는
방식의
변화 신수정

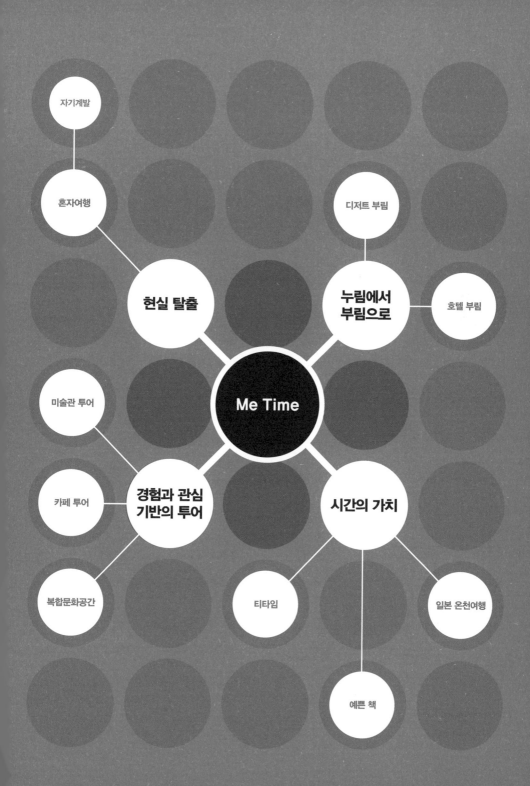

1990년대 대한민국 사람들에게 최고의 여가는 '극장 나들이'였다. 주말이면 개봉작을 보기 위해 몰려든 사람들로 영화관 앞은 인산인해를 이루었고, 흥행작이라도 보려고 하면 표를 사기 위해 매표소 앞에 긴 줄을 서야 하는 것은 물론, 그나마 매진되면 암표상에게 웃돈을 주고 사야 했다. 천장이 낮은 단관 극장에 빼곡히 모여 즐기는 주말의 영화 관람은 그 시절의 몇 안 되는 호사였다. 지금 떠올려보는 그 시절 극장 풍경은 추억으로 소환되지만 기실 IMF 외환위기와 정리해고로 이어진 1990년대 말, 해고되지 않기 위해 휴가를 포기하면서 업무에 매진해야 했던 근로환경에서 영화는 비교적 적은 돈과 시간을 들여 경험할 수 있는 스펙터클이었다. 정정하면 극장 나들이는 그 시절 대한민국 사람들의 최선(最善)의 여가였던 셈이다.

그에 반해 2000년대의 취미는 '있어야 할 것 같은' 그 무엇이었다. 주5일 근무제가 전격적으로 시행되자 남는 시간이 많아졌고, 그 시간을 최대한 생산적으로 보내야 한다는 의무감이 생겼다. 만남의 자리에는 으레 취미가 뭐냐, 주말에는 뭐했냐는 질문이 오갔고, 많은 사람들은 모범답안처럼 '영화 관람'이나 '음악 감상', '독서'를 말하곤 했다. 각종 지원서마다 취미와 특기를 적는 칸이 있었으나 묻는 사람도 대답하는 사람도 이것을 왜 물어봐야 하는지, 왜 적어내야 하는지 몰랐다. 그저 취미란 모두에게 있어야 하는 당위적인 그 무엇쯤으로 여겨졌다. 시간은 많아졌으나 진정한 의미에서 휴식은 권장되지 않았고, 매주 월요일 직장인들은 주말의 알리바이가 필요했다. 취미를 가질 여유도 없이 일해왔는데, 어느 날 갑자기 필수적인 것이 되어버린 취미는 그 시기 많은 사람들에게 스트레스이자 콤플렉스가 되었다.

취미라 할 것이 별로 없었던 1990년대, 생산적인 취미를 가져야 한다는 강박에 사로잡혔던 2000년대를 지나 지금 우리의 여가생활, 지금 우리의 취미생활은 어떻게 변모하고 있는가? 모바일 디바이스로 때와 장소를 가리지 않고 영화를 비롯해 다양한 영상 콘텐츠를 감상하는 것은 물론이거니와, 누가 묻지도 않았는데 소셜미디어를 통해 자발적으로 나의 취미, 내가 주말에 한 일, 나의 여가생활을 '오피셜리(officially)' 공개한다. 카페 투어를 다니고, 피규어를 모으고, 스페인어를 공부하고, 반려동물을 키우고…. 만인만색이라 할 만큼 사람들은 다양한 여가생활을 각자의 방식으로 즐긴다. 한 사람의 취미생활에도 그 안에 다양한 스펙트럼이 존재한다. 비록 금전적 부자는 못 되어도 취미만큼은 남부럽지 않게 가져보고 살겠다는 '취미 부자'가 넘쳐나는 2018년 대한민국 여가생활상의 변화를 살펴보자.

무리해서 부리는 휴식

2013년 〈타임〉지에서 'Me Me Me Generation'이라고 칭한 바 있는 밀레니얼 세대의 사회적 영향력이 점차 커지면서, 여가생활에서도 이들의 주도 하에 변화가 일어나고 있다. 가장 큰 변화는 개인의 주체성이 중요해졌다는 점이다. 똑같은 메이크업도 스스로 즐기기 위해 유명 인물을 따라 해보는 '커버 메이크업'은 재미있고 해보고 싶은 일이지만 사회적 압력 때문에, 출근을 위해, 다른 사람에게 사랑받기 위해 하는 메이크업은 '꾸밈 노동'이 된다. 밀레니얼 세대는 돈을 지불하고 이용하는 서비스도 수동적으로 받으며 '누리는' 대신 주도적으로 '부린다.' 디저트를 먹거나 호텔에 가는 것도 돈이 많거나 시간이 남아서, 갈 만한 여건이 되어서 가는 것이 아니다. 돈이 없어도, 시간이 모자라도 디저트 먹을 시간, 호텔에서 여유 부릴 시간을 스스로 만들어서 가는 것이다.

유독 이들이 시간 쓰는 데 주도권을 갖고자 하는 이유가 있다. 실제로도 더 다양하게 놀 줄 알고, 그래서 더욱더 즐길 시간이 부족하다고 느끼기 때문이다. 학창시절부터 포켓몬스터, 마시마로, 리락쿠마 등 캐릭터의 풍요 속에 덕질을 시작했고, '세계화'가 절대선으로 추앙받던 시절에 글로벌 문화를 누리며 성장했던 이들에게 문화생활이란 밥보다 중요한 공기 같은 것이다. 이들에게 문화를 즐길 시간, 오로지 자신의 관심사를 위해 할애하는 시간은 필수적이고, 시시때때로 보장받아야 하며, 안 되면 무리해서라도 만들어야 하는

〈'부리다' 연관 키워드 변화〉

2014년		2015년		2016년		2017년		2018년(~8월)	
1	시간	1	시간	1	시간	1	시간	1	시간
2	문제	2	문제	2	문제	2	돈	2	돈
3	돈	3	기분	3	기분	3	문제	3	나이
...		...		...		...		...	
13	**가격**	13	**가격**	13	열심히	13	열심히	13	인생
...		...		...		...		...	
17	스트레스	17	사랑	17	**가격**	17	여유	17	**사치**
...		...		...		...		...	
26	허세	26	걱정	26	스타일	26	**가격**	26	기억
...		...		...		...		...	
34	목소리	34	정보	34	직접	34	**사치**	34	**가격**
...		...		...		...		...	
45	꿈	45	개인적	45	**사치**	45	목소리	45	개인적
...		...		...		...		...	
48	대화	48	**사치**	48	진심	48	고양이	48	**일상**
...		...		...		...		...	
62	지역	62	추천	62	데이트	62	**일상**	62	비용
...		...		...		...		...	
65	**사치**	65	지역	65	지역	65	현실	65	**행복**
...		...		...		...		...	
69	초반	69	최고	69	직업	69	**행복**	69	담배
70	키	70	위로	70	**일상**	70	산책	70	환경
71	냄새	71	다르게	71	교육	71	노력	71	교육
72	페이스북	72	**일상**	72	선택	72	맛	72	추억
...		...		...		...		...	
80	**일상**	80	조건	80	문화	80	청소	80	재미
81	비용	81	드라마	81	**행복**	81	키	81	가능성
...		...		...		...		...	
88	재미	88	**행복**	88	청소	88	정리	88	추천
89	**행복**	89	불만	89	가능성	89	집안	89	데이트

출처 | Socialmetrics™, 2014,01,01~2018,08,31 (2534 Communities)

그 무엇이다. 그래서 새벽까지 야근하고 파김치가 되어 퇴근한 후에도 자신이 좋아하는 콘텐츠를 업데이트할 1~2시간의 미 타임(me time)을 갖는다. 설사 다음 날 출근에 어려움을 겪더라도 말이다.

> "카페모카 한잔 행복부림 하… 내일은 또 뭐 해야 하나 학교 갈 생각
> 하니 슬프다"
> "반차 쓰고 여유부림 중 ㅎㅎ 일만 안 해도 이렇게 행복한 것을! 하지
> 만 여유부림 하려면 일을 해야 하지요… ㅜㅜ"

미 타임은 가져야 한다. 그러나 현실을 무시할 수는 없다. 커피 한 잔을 앞에 두고 여유를 만끽하면서도 업무 복귀가, 학업이 떠오른다. '현타('현실자각타임'의 준말)'가 오는 순간이다. 그래서 행복은 느끼고 만끽하는 것이 아니라 '부리는' 것이 된다. '부리다'라는 단어에는 '(기계나 기구 따위를) 마음대로 조종하다'라는 주체성 외에도 '욕심을 부리다'처럼 자신의 능력을 넘어선 어떤 것을 '탐하다'라는 부정적인 의미가 담겨 있다. 지금 젊은 세대가 행복을 '부렸다'고 말하는 데에는 내가 행복을 뜻대로 만들 줄 아는 사람이라는 자부심과, 지금 내가 행복을 오롯이 느끼는 것은 과분한 일이라는, 결코 행복하지 않은 현실인식이 함께 담겨 있다.

물론 미 타임이 새롭게 등장한 트렌드는 아니다. 하지만 예전에 주목했던 미 타임이 육아에 지친 여성이 이 시간을 견디면 아이가 자라고 육아에서 벗어날 수 있다는 희망을 품고 현실로 복귀하기

위해 가졌던 것이었다면, 지금 밀레니얼 세대의 미 타임은 현실을 견뎌도 더 좋은 미래를 기대할 수 없으니 무리해서라도 지금 만드는, 현실에서 벗어나기 위한 것이라는 점에서 차이가 있다.

밀레니얼 세대가 무리하면서까지 '부리는' 것의 정점에 여행이 있다. 소셜미디어 상에 나타난 밀레니얼 세대의 여가생활 TOP5는 여행, 영화, 카페, 운동, 음식 순인데, 그중에서도 여행은 가장 많이 언급되는 동시에 가장 가파르게 상승하는 라이프스타일이다.

이들은 누구와 여행을 가는지보다 어떤 곳을 가고, 어떤 숙소에서, 얼마를 들여 갈 수 있는지를 중요하게 여긴다. 수중에 비행기 값밖에 없어도 여행을 감행하며(현지에서 모자란 비용은 신용카드로 충당하며) 혼자 여행하는 것도 특이한 일탈이 아니다. 누구도, 무엇도 신경 쓰지 않고 내 마음대로 온전히 시간을 보낼 수 있는 혼자 여행은 '자유 부림'의 최고점이다. 혼자 여행 하면 으레 떠올리는 심심함이나 외로움도 문제가 아니다. 소셜미디어를 통해 고국의 지인들과 실시간으로 소통할 수 있고, 현지에서 친구를 사귀는 것도 어려운 일이 아니기 때문이다.

다소 무모하게(언어가 달라도, 돈이 없어도, 시간이 부족해도) 여행을 떠나는 이들을 추동하는 것에는 자유의 만끽 외에도 한 가지 요소가 더 있다. 바로 '사진'이다. 집을 나서며 한 컷, 공항에서 대기하면서 한 컷, 비행기를 타서 한 컷, 목적지 공항에 도착해서 한 컷, 숙소에 도착해서 또 한 컷⋯. 나의 여행은 소셜미디어를 통해 실시간 인증된다. 이웃이나 친구, 팔로워가 눌러주는 '좋아요'는 무리해서 떠난 여행의 고단함에 강력한 보상이 된다.

그래서 밀레니얼 세대에게 가장 예쁜 순간은 '여행 중'이다. 여행 갈 때 꼭 챙겨가는 것은 '상비약'이나 '컵라면'이 아니라 '카메라'고, '원피스'고, 메이크업 '파우치'다. 카메라도 한 대가 아니라 상시 촬영용으로 스마트폰, 근접 촬영용으로 DSLR, 영상 촬영용으로 고프로를 챙겨간다. 평소 같으면 차분한 컬러의 아이섀도로 마무리했을 메이크업도, 여행에서는 과감한 컬러의 아이섀도와 립 메이크업으로 색다른 변신을 시도해본다. 사진에 예쁘게 나오기 위해서다. '똥망화장'이 되지 않도록 다양한 메이크업 제품을 챙겨가는 것은 기본이며, 효율을 위해 아예 속눈썹을 붙이고 갈지 고민하기도 한다. 여행이 남긴 수많은 사진과 소셜미디어 상의 반응은 다소 무리수를 두면서까지 여행을 감행한 나의 선택이 옳았음을 보여주는 증거가 된다. 밀레니얼 세대에게 여행이 무한히 자유로운 동시에 성공적이어야 하는 까닭은 이 때문이다.

"여행 가는데 화장품 뭐 갖고 가지. 나는 막 이것저것 다 챙겨 가서 색조도 그날그날 다르게 해야지 생각해서 화장품 짐이 아주 한가득이다 ㅋㅋㅋㅋ 이번엔 어떤 거 가져가지… ♥행♥복♥"

"외박하시거나 여행 가실 때 파우치에 브러시 챙기세요? (…) 지금 애매하게 브러시를 넣으면 빵빵해지고 안 가져가자니 뭔가 똥망화장 될 것 같고… 파우치를 기초 색조 두 개로 나눠 가져가야 하는 걸까요?"

〈'여행+챙기다' 연관 품목〉

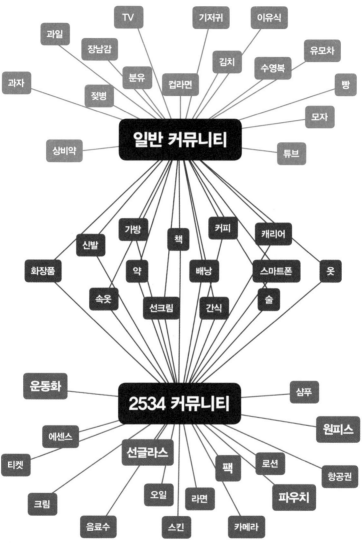

TV 기저귀 이유식 과일 장남감 유모차 김치 수영복 분유 컵라면 빵 과자 젖병 모자

일반 커뮤니티

상비약 튜브

가방 책 커피 캐리어 신발 약 배낭 스마트폰 옷 화장품 선크림 간식 술 속옷

2534 커뮤니티

운동화 샴푸 에센스 원피스 티켓 선글라스 팩 로션 크림 오일 라면 항공권 파우치 음료수 스킨 카메라

출처 | Socialmetrics™, 2014.01.01~2018.08.31 (Communities)

"2주 정도 배낭여행 갈 건데 영상 찍을 거라 좀 제대로 다니고 싶거든요 아침마다 화장하는 귀찮음은 둘째 치고 화장품 하나둘 챙기기 시작하면 배낭 한자리 차지할 거 같아서 속눈썹 붙이고 갈까요 ㅋㅋㅋ ㅠㅠㅠㅠ?"

차 한잔과 책 한 권으로 완성되는 휴식

앞서 언급했듯이 더 다양하게 놀 줄 아는 젊은 세대일수록 더 즐길 시간이 부족하다고 느낀다. 온라인과 운송업의 발달로 재화 쇼핑의 지리적 한계가 없어진 지 이미 오래고, 저렴하게 사는 것 또한 정보력만 있다면 불가능한 일이 아니다. (급성장한 해외직구 시장을 떠올려보라.) 물건은 얼마든지 더 저렴하게 사거나 다른 것으로 대체할 수 있지만 '나의 시간'은 도대체 대체 불가능한 자원이다. 휴식에서도 시간 자원이 더없이 중요한 것이 되었다. 더 길게, 더 오래 휴식할 수 있는 것이야말로 개인의 능력이다. 휴식에 동반하는 물건 또한 소비하는 데 긴 시간이 소요되는 것들이 뜨기 시작했다.

일과 중 잠깐 짬을 내어 믹스 커피나 에스프레소 기반의 커피를 빠르게 마신 후 바로 업무에 복귀했던 20분짜리 커피 '브레이크'가 지금은 싱글 오리진 원두를 신중히 고르고, 그라인딩하고, 사이폰, 융드립 등의 기구를 이용해 커피물을 내리고, 좋아하는 잔에 조심스럽게 담고, 그것을 음미하는 1시간 안팎의 커피 '타임'으로 변화했다. 이미 새로울 것 없는 이야기지만 스타벅스에서도 고급화된 커피 취향을 만족시키기 위해 싱글 오리진 원두를 선택한 기구에 내려주는 리저브 매장으로 바꾸는 작업이 한창이고, 다양한 프랜차이즈 커피 전문점에서도 커피 클래스를 진행하고 있다.

시간을 두고 천천히 즐기며 음용하는 행위는 커피뿐 아니라 다양한 음료에서 동시에 나타나고 있는 트렌드다. 최근 '마시다'와 연관해 상승 중인 음료/주류 키워드를 살펴보면 '드립커피'를 비롯해 '홍차', '위스키', '사케', '아인슈페너' 등 천천히 향과 맛을 음미하는 종류에 대한 관심이 높아지고 있다. 반면 비교적 빨리 마실 수 있는 '믹스커피', '캡슐커피', '비타민음료' 등에 대한 관심은 떨어지고 있다.

그중에서도 오후의 여유로운 '티타임'을 만들어주는 홍차 시장의 성장세는 주목할 만하다. 영국 홍차 브랜드 '포트넘앤메이슨'이 2017년 신세계 백화점에 정식 매장을 오픈한 데 이어, 프랑스 홍차 브랜드 '쿠스미티'도 올해 강남역에 플래그십 스토어를 열며 국내 시장에 진출했다. 그뿐 아니라 믹스커피 시장을 주도하고 있는 동서식품에서는 성장하는 홍차 시장을 잡기 위해 '타라'라는 프리미엄 홍차 브랜드를 론칭했고, 유수의 호텔에서 제공되는 애프터눈 티 세트는 줄을 서야 맛볼 수 있는 서비스가 되어가고 있다. 새로 개점하는 부티크 호텔에서도 티룸은 여유로운 티타임을 선망하는 젊은 층을 공략하기 위해 빠뜨려서는 안 되는 테넌트(tenant)로 각광받고 있다.

〈'마시다' 연관 음료/주류 순위 변화〉

2016년		2017년		2018년(~8월)	
1	커피	1	커피	1	커피
2	술	2	술	2	술
3	물	3	물	3	물
4	맥주	4	맥주	4	맥주
5	음료수	5	음료수	5	음료수
...		...		...	
13	믹스커피	13	믹스커피	13	콜라
14	콜라	14	콜라	14	믹스커피
15	녹차	15	녹차	15	녹차
16	콜드브루	16	아이스커피	16	아이스커피
...		...			
26	에스프레소	26	두유	26	홍차
27	홍차	27	홍차	27	두유
28	에이드	28	에스프레소	28	소맥
29	바닐라라떼	29	바닐라라떼	29	에스프레소
30	찬물	30	콜드브루	30	찬물
31	소맥	31	찬물	31	양주
32	요구르트	32	요구르트	32	요거트
33	요거트	33	요거트	33	콜드브루
34	생강차	34	유자차	34	탄산음료
35	탄산음료	35	생강차	35	요구르트
36	더치커피	36	양주	36	캔맥주
37	유자차	37	탄산음료	37	드립커피
38	커피우유	38	캔맥주	38	위스키
39	양주	39	드립커피	39	사케
...		...			
43	드립커피	43	더치커피	43	유자차
44	프라푸치노	44	슈크림라떼	44	오렌지주스
45	오렌지주스	45	위스키	45	카페모카
...		...		...	
52	아이스티	52	사케	52	더치커피
...		...		...	
54	위스키	54	커피우유	54	초콜릿우유
55	사케	55	보드카	55	딸기우유

출처 | Socialmetrics™, 2016.01.01~2018.08.31

흥미로운 것은 홍차가 이야기되는 방식이다. 한 매거진에서는 홍차 문화를 다음과 같이 소개한 바 있다.

"치열한 경쟁 속에서 잠을 쫓으며 일할 때 늘 한손에 커피를 들고 있던 커리어우먼의 시대가 지나가고 지금은 다정한 친구, 이웃들과 달달한 마카롱, 향기로운 홍차 한잔을 나누며 귀족의 여유를 함께 즐기며 마음을 힐링하는 애프터눈 티의 시대가 된 듯합니다. 홍차 한잔에는 사과 6개 분량의 항산화 성분이 들어 있다고 합니다. 여유와 힐링, 그리고 슬로에이징."

이 우아한 톤의 문구는 홍차 한잔이 맛뿐 아니라 귀족적 '여유'와 '힐링'의 감성 그리고 '건강'까지 담겨 있는 문화임을 이야기하고 있다. 차 전문 스타트업 브랜드인 '알디프'에서도 자신의 브랜드에 대해 '개인의 취향을 존중하고 독려하는 제품과 사소한 행동들을 통해 존엄성과 다양성이 있는 삶으로의 변화를 꿈꾸는 Tea & Lifestyle 브랜드'라고 소개한다. 차 한잔을 마신다는 것이 개인의 정체성을 표현하고, 어떤 문화를 즐기는지, 어떤 라이프스타일을 향유하고 추구하는지 보여주는 매개가 된다는 것이다.

어떻게 휴식하는지가 내가 어떤 사람인가를 대표하는 장면이 되면서 휴식에 전에 없이 중요해진 속성이 있다. 바로 '예쁨'이다. 과거에는 지성의 상징이었던 책도 그것을 음미하는 데 '시간'이 걸린다는 점에서 휴식의 메타포가 되었는데, 그에 따라 책에서 기대하는 속성으로 중요해진 것이 '예쁨'이다. 책의 부가적인 속성일 뿐이었던 표지 디자인은 말할 것도 없고, 독자의 라이프스타일에 잠입하기 위해 판형 또한 다양해졌다. 소셜미디어 상에 '책'과 함께 언급되는 감성 중 '예쁘다'는 말이 꾸준히 상승하고 있다. 2016년 8월에 출간된《언어의 온도》가 베스트셀러를 거쳐 스테디셀러의 반열에 오른 것도 이러한 흐름과 무관하지 않다.

책의 내용이 아니라 외형, 즉 예쁨을 중요시하는 태도를 비판한다면 당신이야말로 속칭 '꼰대'라고 비난받을지도 모른다. 소설가 이태준은 이미 70년도 전에 수필집《무서록》에서 "책은 읽기만 하는 것이라면 그건 책에게 너무 가혹하고 원시적인 평가다. (…) 책은 한껏 아름다워라"라고 말한 바 있다. 차라리 이제야 책이 본연의 물성을 되찾고 있다고 할 수 있을지도 모른다. 책은 내용 이전에 그

〈'책+예쁘다' vs. '책+보고 싶다' 언급 비중 변화〉

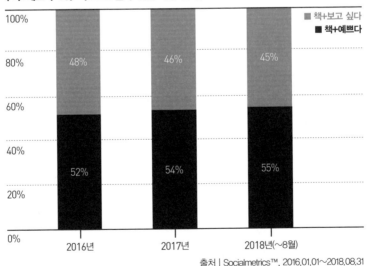

출처 | Socialmetrics™, 2016.01.01~2018.08.31

자체로 미학적 대상이 되었다. 어떤 서가를 떠올려보자. 갖가지 컬러와 크기의 책들이 불균질한 조화를 이루며 빼곡히 꽂혀 있는 책장, 서로 다른 조도(照度)로 책장을 비추는 조명, 책장 앞을 목적 없이 여유롭게 서성이는 사람들이 만들어내는 풍경은 그 자체로 아름다운 광경이다. 오늘날 우리가 다양한 컨셉의 도서관과 독립서점에 열광하는 이유다.

　책이 주는 감각적 경험이 중요해지면서 출판가와 서점들 사이에서도 색다른 시도들이 나타나고 있다. 시집과 향초를 세트로 구성하여 판매하기도 하고, 시집 전문서점인 '위트앤시니컬'에서는 시인의 음성으로 시를 공감각적으로 경험할 수 있도록 주기적으로 낭독회를 개최한다. 양평동에 위치한 독립서점 '프레센트14'는 '향기 파는 책방'이라는 컨셉으로 아예 책과 향의 콜라보레이션을 전면에 내세웠다. 이제 책을 통해 지적 자극을 받는 것은 물론 눈이 즐거워지고, 귀가 즐거워지고, 코가 즐거워지는 시대가 되었다. 책이라는 휴식의 메타포는 끊임없이 '나의 감각'을 일깨우기 위해 진화하는 중이다.

가성비에 대한 새로운 해석 : 몇 시간을 위한 콘텐츠인가

　한잔의 차를 마시기 위해서는 일상에서 배제된 시간이 필요하다. 내가 홍차 한잔을 여유롭게 즐기려면 그 1~2시간 동안 나의 학업,

나의 업무가 내게서 잠시 오프되어 있어야만 한다. 오늘날 긴 시간, 오로지 나를 위한 시간을 가질 수 있다는 것은 어떤 의미인가. 내가 생업에 얽매이지 않아도 될 만큼의 금전적, 시간적 여유를 갖고 있음과 동시에, 나만의 시간을 구성할 수 있는 나만의 취향을 가지고 있음을 뜻한다.

사누끼 우동이 먹고 싶으면 일본 가가와 현으로 훌쩍 떠나고, 테이트 브리튼 갤러리에서 전시 중인 데이비드 호크니의 작품을 보고 싶으면 런던으로 훌쩍 떠날 수 있는 삶. 금전적으로도, 시간적으로도, 문화적으로도 부족함이 없는 삶. 그런 삶을 선망하지만 그런 삶에 쉬이 닿을 수 없는 현실과의 간극 때문에 고급문화는 '고오급', '고오오오급', '고오오오오오급'이라 불리며 선망과 원망 사이의 어떤 것이 되었다. 영화 〈베테랑〉의 명대사 "우리가 돈이 없지 가오가 없냐"를 지금 젊은 세대의 현실에 바꾸어 말하면, 돈은 없어도 안목은 있다. 역으로 말하면 고급문화를 보는 안목은 있는데 고급문화를 향유할 돈이 없는 것이다.

고급문화가 선망과 원망의 대상이 되어가면서 젊은 세대가 접근 가능한 고급으로 소화하기 시작한 것이 바로 '가성비 있는 고급'이다. 어째 형용모순 같은 말이지만, 가성비 있는 고급은 존재한다. 그것은 고급문화를 경험하는 데 소요되는 비용을 토털 지불 비용으로 계산하지 않고 시간당 지불 비용으로 계산했을 때 '나름'의 가성비를 느낄 수 있는 고급의 어떤 지점을 뜻한다.

특히 남성들의 여가생활에서 이러한 변화가 뚜렷하게 나타난다.

〈남성 커뮤니티 내 여가활동 언급 순위 변화〉

	2015년		2016년		2017년		2018년(~8월)
1	영화	1	영화	1	영화	1	영화
2	게임	2	게임	2	스포츠	2	게임
3	드라마	3	드라마	3	게임	3	스포츠
4	여행	4	여행	4	여행	4	여행
5	담배	5	축구	5	드라마	5	드라마
6	음악	6	음악	6	음악	6	축구
7	야구	7	담배	7	축구	7	음악
8	축구	8	자동차	8	담배	8	자동차
9	자동차	9	야구	9	자동차	9	담배
10	예능	10	고양이	10	야구	10	그림
...		...		...		...	
14	애니	14	강아지	14	강아지	14	야구
15	강아지	15	취미	15	취미	15	취미
16	취미	16	애니	16	애니	16	테니스
17	미드	17	웹툰	17	공연	17	강아지
18	공연	18	공연	18	콘서트	18	애니
19	웹툰	19	미드	19	미드	19	동호회
20	농구	20	배구	20	농구	20	epl
21	콘서트	21	농구	21	해외여행	21	콘서트
22	만들기	22	콘서트	22	만들기	22	미드
...		...		...		...	
38	예술	38	투어	38	체험	38	일본여행
39	복싱	39	동호회	39	일본여행	39	관광
...		...		...		...	
48	연극	48	일본여행	48	취미생활	48	공방
...		...		...		...	
55	일본여행	55	탁구	55	여행중	55	수영
...		...		...		...	
90	혼자여행	90	덕질	90	자수	90	온천
...		...		...		...	
101	수학여행	101	문학	101	온천	101	체조

출처 | Socialmetrics™, 2015.01.01~2018.08.31 (남성 Communities)

2015년부터 남성들의 여가생활 변화를 살펴보니 '담배' 피우기나 '야구', 'UFC', '격투기' 같은 스포츠 경기 관람은 줄어드는 반면, 여성들이 가자고 해서 따라가는 수준이었던 일본 '온천' 여행, '요트' 세일링을 적극적으로 즐기고 있음을 알 수 있었다.

> "지금 하코네의 호에이소라는 료칸에 있습니다. 달밤에 계곡 물소리 들으며 야외에서 온천욕하고 돌아와서 맥주 한 캔 시원하게 마시니까 이게 바로 행복이네요 크…"
> "7월 초에 3박5일로 파타야 가는데 가장 기대되는 건 종일 요트투어 네요~ 아침에 출발해서 3개의 섬을 도는 건데 중간중간에 바다낚시 와 스노클링도 한다는데 넘나 잼날 거 같아요+.+ 국내에서 요트투어 하려면 몇 십만 원은 들 텐데… 10만 원 안쪽으로 즐길 수 있다니 가 성비 짱이네요."

일본의 중급 료칸에 머물려면 인당 20만 원 정도는 필요하다. 결코 만만한 가격은 아니지만 이는 가이세키 석식과 조식을 대접받고, 업장이 자랑하는 자연 온천을 아침저녁으로 즐기고, 아름답게 가꾼 정원을 산책하고, 극진한 서비스를 받는 것까지 포함한 금액이다. 오후 4시에 체크인해서 다음 날 오전 11시에 체크아웃하기까지 료칸에만 19시간 체류하는 셈이다. 이런 계산식이라면 시간당 1만 원 조금 넘는 금액이니, 비싸다고 푸념하기에는 미안한 수준이다. 요트 투어 또한 마찬가지다. 하루 렌트해서 아침부터 저녁 늦게까지 놀 수 있고, 게다가 물가가 저렴한 동남아에서 주로 이용하므로 가성비는 더욱 높아진다.

20만 원짜리 료칸이 가성비 좋은 숙박시설이 된 이유는 무엇일까? 가성비를 판단하는 기준이 달라졌기 때문이다. 이제 '시간'이 가성비를 판단하는 새로운 기준이 되었다. 비단 숙박시설뿐 아니라 소비생활 전반에 이러한 규칙이 적용되고 있다. 일례로 스웨덴 명품 침대 브랜드 '덕시아나'를 들 수 있다. 고가의 덕시아나 침대는 국내 모 배우가 출산 후 강남의 한 고급 산후조리원에 입소했을 때 비치된 침대로 유명세를 탔고, 서울의 유명 호텔에서는 이 침대와 독일산 프리미엄 공기청정기를 비치한 객실 패키지를 내놓기까지 했다. 1000만~3000만 원을 호가하는 가격 때문에 매트리스는 엄두를 못 내지만 어떻게든 토퍼라도 사보고 싶은 이 침대, 휴가로 간 사우스케이프에서 그야말로 꿀잠을 선사한 이 침대를 쉬이 포기할 수 없는 이유는 바로 '침실'이라는 공간의 특수성 때문이다. (물론 덕시아나는 화제성을 가져가고, 실리는 시몬스의 프리미엄 라인이 챙겨가는 것 같긴 하다.) 침실은 단연코 내가 집에서 가장 오래 머무는 공간이다. 사람들은 자신이 가장 오래 머무는 공간에는 조금 과하다 싶을 정도로 투자하고, 나머지 인테리어 소품이나 가재도구는 이케아에서 공수해온다. 선택과 집중에서 오는 가성비, 이것이야말로 효율적인 판단이다.

2018년 8월부터 한 달간 홍대 인근에 흥미로운 공간이 생긴 바 있다. KT에서 자사 요금제 홍보를 위해 한시적으로 운영했던 'ON

식당'이 그것이다. 쉽게 말해 뷔페인데, 요금을 책정하는 방식이 1회 방문 기준이 아니라 업장을 이용하는 시간(1초당 1.98원)으로 카운팅하는 것이었다. 식사를 금방 끝낼 수 있는 이들에게는 더없이 유리한 조건이고, 비용에 개의치 않는 사람은 오래 머물러도 상관없었다(해당 업장은 요금제 홍보용이라 1시간의 이용 제한이 있었다). 팝업 스토어를 운영하는 KT는 저렴한 요금제, 여러 명이 함께 가입하면 더 할인되는 요금제임을 홍보하기 위해 이러한 이벤트를 기획했지만, 소비자들이 주목한 이벤트의 효용이 반드시 그것이라고 장담할 수는 없다. 오히려 식사라는 '음식 콘텐츠'도 내가 이용한 시간에 비례해 돈을 지불할 수 있다는 개념이 아니었을까. 서비스뿐 아니라 소모되는 재화도 이용한 시간으로 환원될 수 있다는 생각은 최근 들어 '시간'의 위상을 되새기게 한다.

달라진 여가를 위하여 : 효율을 높이고, 주도권을 주라

가성비 담론은 동일한 관심사를 가진 사람들 사이에서만 유효하다. 명품시계 브랜드 중 하나인 '프레드릭 콘스탄트' 시계는 시계 덕후들 사이에서는 가성비 있는 브랜드로 통하지만 그렇지 않은 사람들에게는 과소비로밖에 해석될 수 없다. 동일한 물건이라도 나의 관심사에 어느 정도 부합하느냐에 따라 판단기준이 달라진다. 여가문화에서도 마찬가지다. 내 관심사를 얼마나 충족시킬 수 있는

지에 따라 여가생활의 가성비가 달라진다. 한정된 시간을 최소한으로 쓰면서 최대한의 경험을 해야 한다.

이러한 성향에 따라 변화를 겪고 있는 것이 투어문화다. 소셜미디어 상에 관심이 늘어나고 있는 투어를 살펴보면《2018 트렌드 노트》에서도 짚은 바 있는 '카페 투어'를 비롯해 '호텔 투어', '빵 투어', '미술관 투어', '마카롱 투어' 등이 있다. 주목할 점은 최근 들어 각광받는 투어가 불과 1년 전의 투어와는 또 다른 방식으로 이루어지고 있다는 것이다.

> "자유부인 모드로 저 혼자 미술관 투어를 하기로 했답니다. ㅋㅋ 기대
> 이상으로 훨씬 더 좋았던 기당미술관, 가족에 대한 그리움이 느껴져
> 마음이 아팠던 이중섭 미술관, 공항에서 숙소로 가는 길에 들르려 했
> 던 도립미술관은 시간부족으로 못 가서 아쉽…"

기존에 미술관 투어라고 하면 한 군데 미술관에서 작품도 감상하고, 도슨트 프로그램도 참가하고, 카페에서 차도 한잔 하고, 미술관에 딸린 정원도 둘러보면서 오래 머무는 것이었다. 그러나 요즘 말하는 미술관 투어는 하나의 미술관이 아니라 여러 곳의 미술관을 하루나 며칠에 걸쳐 묶어서 둘러보는 것을 뜻한다. 특정한 내 관심사를 중심으로, 차나 도보로 이동할 수 있는 거리에 있는 여러 군데의 장소를 말 그대로 투어하며 동일한 카테고리의 유사한 상품과 서비스, 문화를 경험하는 것이다. 철저하게 '나의 주도' 하에 '나의

시간'을 효율적으로 활용하여 '나의 관심사'를 충족하는 방식으로, 효율을 최대치로 끌어올린 여가방법이라 할 수 있다.

홍대 빵 투어, 이태원 펍 크롤링, 성수동 카페 투어, 제주도 미술관 투어 등이 이러한 투어의 대표적 사례다. 이태원 펍 크롤링을 예로 들어보면, T펍에 도착해 상큼하고 청량한 느낌의 페일에일을 마시고, 바로 옆 가게로 자리를 옮겨 다크초콜릿처럼 씁쌀한 맛의 포터를 즐긴다. 마지막으로 걸어서 5분 거리에 있는 수제맥주집에서 강렬한 신맛으로 입안을 정리해주는 사우어 비어를 마시며 하루 동안의 성지순례를 마무리하는 식이다. 사람들은 주어진 시간 내에 '도장깨기' 하듯 매장을 돌아다니며 즐기고 자신의 경험을 주도적으로 디자인한다. 내가 디자인한 여가생활은 나의 관심사를 충족시킬 뿐 아니라 나의 이야기가 됨으로써, 내가 손에 쥘 수 있는 어떤 경험으로 남는다.

사람들은 맥락 없이 주어지는 것에 생각보다 강한 거부감을 느낀다. 따라서 자신의 경험을 스스로 디자인할 여지를 주고, 서비스를 사용자의 맥락 안에 위치시켜야 한다. 최근 홍대에 위치한 몇 개의 펍들은 서로 연합하여 1년에 3~4차례 '골든 마일'이라는 행사를 열고 있다. 업장에서 만든 일종의 맥주 투어 코스 제안인데, 행사 티켓을 구매하면 지정된 몇 개의 펍에서 맥주를 할인된 가격에 마실 수 있다. 펍마다 정해진 맥주를 다 마시면 스탬프를 찍어주고, 추첨을 통해 참가자들이 좋아할 법한 상품을 준다. 이러한 행사를 통해 맥주를 좋아하는 사람들이 자연스럽게 모이고, 모인 사람들끼리 네트워킹이 이루어지고, 이들이 다시 펍을 거점으로 모인다. 행사를 진행한 펍은 단순히 맥주를 마시는 공간이 아니라 맥주를 좋아하는 사람들의 문화공간으로 변모하게 된다.

나들이 방식도 변화했다. 더 이상 그저 유명하다는 이유만으로 사람들이 바글바글한 놀이동산이나 커다란 복합 쇼핑몰에서 '네 맛도 내 맛도 아닌' 음식을 먹고, 일행의 목소리도 들리지 않는 시끄러운 카페에서 애써 대화하며 시간을 보내지 않는다. 아이와 동행하지 않아도 되는, 운신의 폭이 넓은 젊은 층이라면 더욱 그러하다. 이들은 나들이 전에 미리 모바일 지도 앱으로 가보고 싶은 장소를 점찍는다. 주요 거점을 중심으로 정해진 시간 내에 이동할 수 있는 여러 장소를 북마크한 다음 코스를 만든다. 어디에서 점심을 먹고 어디에서 차를 마실지 미리 정해놓는다. 모바일 앱은 친절하게도 포인트한 매장이 몇 시에 오픈하는지, 몇 시에 붐비는지까지 알려주며 개인들이 나들이 코스 짜는 것을 돕는다.

사람들이 코스를 짜서 움직이기 시작했기 때문에, 혼자 동떨어져 있는 맛집은 매출 규모를 늘리는 데 한계가 있다. 반면 혼자 있는 맛집 옆에 맛있는 커피집이 생기면 두 가게 사이에 시너지 효과가 생긴다. 그 옆에 20~30분 정도 둘러볼 산책 코스가 있다면 더 좋다. 반나절의 나들이 코스가 완성되기 때문이다.

나들이 방식의 변화는 우리가 향하는 여가공간도 변화시키고 있다. 최근 인스타그램에서 핫플레이스로 통하는 한남동의 사운즈한

남이나 디뮤지엄, 회현동 피크닉, 통의동 보안여관, 원서동 아라리오 뮤지엄인스페이스 모두 달라진 나들이 문화를 반영하는 '복합문화공간' 이다.

이들 공간의 공통점이 무엇일까? 우선 눈에 띄는 것은 갤러리가 있다는 것이다. 두 번째 공통점은, 반드시 가야 하는 이유는 없지만 그곳에 가면 몇 시간 동안 재미있게 보낼 수 있을 것 같다는 것이다. 하룻밤 머물기 위해, 예술작품을 감상하기 위해, 혹은 쇼핑하기 위해 이곳을 찾은 것이 아니다. 그저 꽤 오랜 시간 머무르며 즐길 만한 콘텐츠가 있어서 가는 것이다. 이들 공간은 컨테이너처럼 동일한 공간에 상점을 빼곡히 넣고 파격적인 할인율을 강조하며 '어서 쇼핑하라' 는 메시지를 보내는 대신 산책하듯이 각자의 템포에 따라 '천천히 걸어 다니며 여기도 보고 저기도 보고, 여기도 앉았다가, 늦은 밤과 새벽까지 이곳에 더 머무르고 싶다면 자고 가도 좋다' 는 메시지를 보낸다. 화려한 볼거리나 눈에 보이는 편의 서비스는 없다. 단지 방문자 각자가 자신의 시간을 자신의 속도로 채울 수 있게 구성했을 뿐이다.

이러한 복합문화공간은 목적 없이 향유할 수 있는 공간이며 우연적인 만남을 기대할 수 있는 공간이다. 우리가 점점 공간으로 향하는 까닭이 어쩌면 이것일지도 모른다. 공간의 무목적성과 기대하지 않았던 콘텐츠, 사물 및 풍경과의 조우가 더없이 인간적으로 다가오기 때문이 아닐까.

휴식은 나를 비우기 위함이 아니라
나를 일깨우기 위함이다.

"사운즈한남은 여유로운 한남동의 분위기를 느낄 수 있었던 곳이었어요. 어어어엄청 특별한 공간은 아니었지만 조용조용 차분한 분위기가 매력적이었던 곳이었답니다!"

"이 동네에 놀러 가면 늘 동네를 크게 한 바퀴 산책한다. 그때 마침 전시가 있어 여관의 문이 열려 있으면 꼭 들어간다. 전시의 내용보다 보안여관의 건물 자체가 가진 낡고 오래된, 정리하지 않은 정취에 마음을 뺏긴다."

1990년대 좁은 극장에 모여 모르는 옆자리 사람들과 함께 하하호호 울고 웃던 공동의 경험이었던 휴식은 이제 차의 향을 음미하며 개인의 감각을 일깨우고, 일상사에서 벗어난 시간을 만들어줌으로써 바쁜 일상에서 잃어버렸던 '나'를 되찾는 의식으로 진화하고 있다.

지금 젊은 세대에게 '나'는 애초에 있는 존재인 반면 일상을 영위하기 위한 업들은 나의 고유성을 훼손한다. 그렇기에 나는 '나'를 회복하기 위해 파인 레스토랑에서 십수만 원짜리 식사를 하고, 몇 번을 경유해서라도 미지의 아이슬란드에 가야 한다. 많은 시간과 비용이 드는 일이지만 이러한 여가야말로 일상이 배제된 완벽한 휴식감, 다른 말로 잊고 있었던 '나'라는 존재를 확인하는 경험을 선사하기 때문이다.

휴식의 메타포가 되자

어떻게 일하느냐보다 어떻게 쉬느냐가 더 중요한 시대다. 소비자는 점점 더 휴식하는 장면으로 자신을 표현하려 할 것이다. 고객이 '쉼'을 보여주는 장면에 우리가 파는 물건, 우리의 서비스가 들어가야 한다. 차 한잔, 책 한 권처럼 가볍되 느긋하게 즐길 수 있는 것이면서, 한 장의 예쁜 사진으로 표현될 수 있다면 더욱 좋겠다.

고객이 많은 시간을 보내는 곳을 우선적으로 고려하자

우리의 타깃 고객은 어디서 많은 시간을 보낼지 생각해보자. 시간 점유가 많은 공간에 대한 소비는 이른바 '가성비'가 나오는 소비다. 인강을 듣는 10대에게는 내 방이, 이웃과 티타임 갖기를 즐기는 주부에게는 거실이, 직장에서 많은 시간을 보내는 남성에게는 화장실이 가성비를 느끼는 공간일 수 있다. 만약 제품 라인업 확장을 고려한다면 이들 공간을 위한 제품군을 우선적으로 염두에 두자.

Chapter 8.

브랜드의
변화
박현영

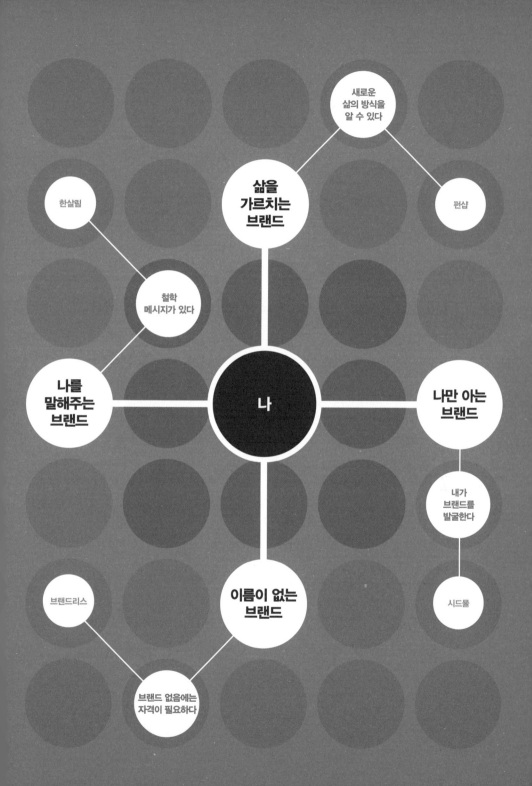

나만 아는 브랜드

'시드물을 아시나요? 메디힐은요? DMCK 앰플은요? 페리페라, 디어달리아는요?'

위에 언급된 고유명사는 모두 화장품 브랜드들이다. 화장품에 관심 없는 남성들은 들어본 적도 없는 브랜드일 테고, 올리브영을 드나드는 언니들은 한두 개쯤 써본 브랜드이고, 이렇게 성장할 줄 몰랐다며 업계 관계자들이 깜짝 놀라는 브랜드들이다.

이들의 공통점은 대기업 브랜드가 아니라는 것, 모든 사람을 고객으로 삼으려 하지 않는다는 것, 히어로 제품이 하나씩 있고 컨셉이 명확한 브랜드라는 것이다. 과거에 화장품 브랜드들은 알고 보면 한두 개 회사로 수렴되었다. 20~30개의 브랜드가 모두 한국계 A사 아니면 외국계 L사나 P사의 제품이었다. 회사마다 초저가, 저가, 중저가, 중가, 고가, 초고가 라인별 브랜드를 따로 만들고 필요에 따라 남성전용, 자연주의, 더마화장품 라인을 추가하여 10여 개의 브랜드 라인을 관리했다. 그러다 2000년대 초반 미샤를 필두로

〈화장품 구매처의 변화 : 올리브영 매출액〉

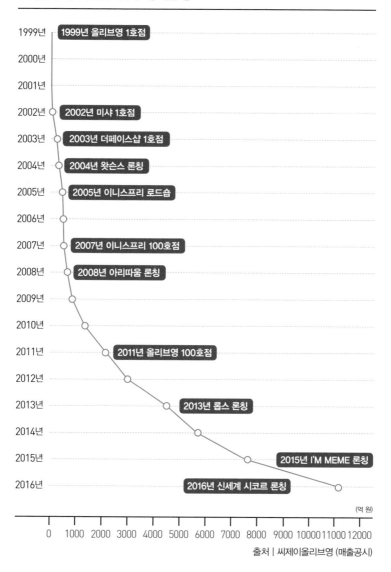

1999년	1999년 올리브영 1호점
2000년	
2001년	
2002년	2002년 미샤 1호점
2003년	2003년 더페이스샵 1호점
2004년	2004년 왓슨스 론칭
2005년	2005년 이니스프리 로드숍
2006년	
2007년	2007년 이니스프리 100호점
2008년	2008년 아리따움 론칭
2009년	
2010년	
2011년	2011년 올리브영 100호점
2012년	
2013년	2013년 롭스 론칭
2014년	
2015년	2015년 I'M MEME 론칭
2016년	2016년 신세계 시코르 론칭

(억 원)

0 1000 2000 3000 4000 5000 6000 7000 8000 9000 10000 11000 12000

출처 | 씨제이올리브영 (매출공시)

로드숍 브랜드들이 화장품 시장을 뒤흔들었다. 그러자 대기업도 서둘러 자사 로드숍 브랜드들을 만들어 주요 지하철역에는 단독 로드숍 브랜드와 대기업 로드숍 브랜드가 나란히 있게 되었다.

화장품에 관한 한 2010년 이후는 드러그스토어의 시대다. 드러그스토어 MD가 브랜드를 발굴하고, 정확히 말하면 특정 '제품'을 발굴하고 트렌디한 MD가 왜 이 제품을 선택했는지, 소비자가 왜 이 아이(제품)를 데려가야 하는지 친한 언니 같은 말투와 감성으로 제품을 추천하기 시작했다. 드러그스토어는 여의도, 광화문, 삼성동 같은 오피스 구역에서 일반 동네 구석구석까지 확장했고, 커리어우먼이 점심시간에 도둑 화장하는 곳에서 초등학생과 50대 주부가 편의점처럼 습관적으로 들락거리는 곳으로 저변을 확대했다.

들도 보도 못한 브랜드들이 소비자에게 이름을 알리고, 화장품 산업에서 브랜드 라인보다 개별 제품으로 중요도가 옮겨간 데에는 드러그스토어의 역할이 컸다. 앞에서 언급한 브랜드는 대부분 단독 매장은 없지만 드러그스토어에서는 만날 수 있다. 드러그스토어는 한 달, 한 주 단위로 소비자에게 '신박함'을 전달하기 위해 제품을 발굴하고 매대의 제품을 계속 바꿔치기한다.

하지만 예외적인 브랜드가 있으니, 바로 '시드물'이다. 청년 CEO 민중기가 만든 브랜드로, 지금도 '민중기 라인' 제품이 있다. 청년 CEO가 진정성을 갖고 만들었다는 브랜드 스토리, 성분은 좋은데 가격은 싼 착한 브랜드, 온라인에서만 판매하므로 시각적 요소가 중요한데 정작 홈페이지나 패키지가 예쁘지 않은 브랜드, 언뜻 보기

"핵심이 뭔지만 말해,
내게 맞는지 아닌지는 내가 판단할게."
(구구절절 설명하지 마.)

▲'시드물' 홈페이지 메인화면(www.sidmool.com)

에 시대에 역행하는 듯한 브랜드… 시드물이 갖고 있는 독보적인 남다름은 '착하다'와 '나만 안다'이다. 합치면 '이렇게 착한 브랜드를 나만 알고 있다'로 요약된다.

　시드물의 두 가지 남다름을 하나씩 살펴보자.

　'착하다'는 감성은 때로는 놀리는 표현이기도 하고, 매력 없음을 우회적으로 언급하는 표현이기도 하지만 시드물의 '착하다'는 글자 그대로 '착하다'로 쓰인다. '가격이 착하다', '성분이 착하다', '성분이 이렇게 좋은데 가격이 착하니 이 브랜드 정말 착하다.' '착하다'는 세련됨과는 거리가 먼 단어로, 이를 표현하는 소비자의 또 다른 용어는 '정감 간다'이다.

중요한 것은 시드물의 일관성이다. 브랜드의 의도도 착한 브랜드가 되고자 했고, 소비자도 브랜드의 착함을 인정했고, 제품의 겉과 속이 모두 착함을 증명했다. 화장품 브랜드의 제1 덕목이 '착하다'라는 뜻이 아니다. 수많은 화장품 브랜드는 자기만의 독자적인 감성을 가져야 한다. 브랜드와 수많은 감성의 조합이 가능한데, 시드물은 그중에서 '착하다'라는 감성을 독보적으로 차지했다. 소셜미디어에 수많은 화장품 브랜드가 넘쳐나지만 '착하다' 연관 브랜드 1등은 단연 시드물이다.

다음으로 '나만 아는' 브랜드의 가치가 무엇인지 살펴보자. 어떻게 '나만 아는' 브랜드가 여러 사람에게 퍼져 나가는가? 시드물의 가치를 널리 퍼뜨린 것은 '화해어플'이다. '화장품을 해석하다'라는 뜻의 어플로, 소비자의 실사용 리뷰를 바탕으로 랭킹을 매기고 쇼핑도 할 수 있다. 특히 특정 화장품에 피해야 할 성분, 알레르기 유발 성분이 있는지 표시해주는 것으로 소비자의 관심을 끌었다. 이러한 접근법 덕분에 화장품 분야에서 영향력이 큰 채널로 자리 잡았고, 앞으로도 그럴 것이다.

이 시대 소비자의 특징은 '나를 잘 안다'고 생각한다는 것이다. 그리고 스스로 파악한 본인을 '민감하다'고 인식한다는 것이다. 이 시대 소비자의 인식을 정리하면 아래 등식이 성립한다.

나는 나를 잘 안다. = 내가 나를 아는데, 나는 민감하다. = 나는 소중하니까, 민감한 나는 보호받아야 한다.

'화해'는 특정 제품은 좋은 제품이라고 섣불리 주장하지 않는다. 내가 이 제품을 분석한 결과 이러한 주의성분이 나왔으니, 당신이 민감성이거나 ○○에 알레르기가 있다면 주의해야 한다고 말한다. 스스로를 잘 알고 있다고 생각하지 않는 소비자에게는 오히려 피곤한 접근법이다. 자신이 민감하다고 생각하지 않는 소비자에게는 굳이 이렇게 복잡한 정보가 필요 없다. 본인 스스로를 소중하게 생각하고, 내가 나를 잘 안다고 생각하기에 화해의 이런 접근이 유효한 것이다. 사실 화해에는 랭킹도 있어서 나를 잘 몰라도 제품을 선택하기는 어렵지 않다. 하지만 그 랭킹 또한 나처럼 민감한 사람들이 신중하게 매겨놓았다고 생각하기에 쉬운 선택이 까다로운 선택에 반대되는 것은 아니다.

이 화해라는 어플에서 '시'만 입력해도 가장 먼저 나오는 브랜드가 시드물이고, 유해 성분 0% 브랜드가 시드물이고, 랭킹으로 들어가도 1등 브랜드가 시드물이다. 시드물의 팬들은 시드물이 화해에서 인정받는 데 환호하고, 시드물을 몰랐던 사람들은 화해를 통해 시드물에 입문한다. 그럼으로써 시드물은 누구나 아는 브랜드, 한때 유행처럼 휩쓸고 지나가버린 브랜드가 되지 않고 희소성과 진정성을 유지할 수 있게 되었다.

화장품만큼 바이럴 마케팅이 활성화된 카테고리도 없지만, 그곳에서도 진정한 팬들의 목소리는 남다르게 다가오게 마련이다.

"화해 시만 쳐도 시드물이 제일 위에 있어요. 내 사랑~~♡"

"화해에도 시드물 동지 엄청 많아요."

"화해 덕에 시드물 알게 돼서용, 이제는 시드물 전도사 다 돼구요."

사랑, 동지, 전도사… 대가를 받은 글에서는 쉽게 쓰일 수 없는 단어다. 대가성 글에서는 받은 만큼 해야 한다는 강박이 느껴진다. 홈페이지에서 가져온 과하게 잘 찍힌 사진들, 사진의 출처는 해당 브랜드의 홈페이지라는 친절한 문구와 홈페이지 주소, 히말라야 어느 분화구에서 떠온 물로 만들었다는 등의 관계자 아니면 알기 어렵고 사용자와는 무관한 고급정보, 겨울에나 진가를 발휘하는 각질케어를 굳이 언급하는 한여름 어느 날의 글… 소비자는 바보가 아니다. 기업에서 묘수를 발휘해 바이럴 마케팅을 만들어내는 만큼 진짜를 알아보는 소비자의 촉도 함께 발달한다. 하물며 태어나면서부터 인터넷 글을 보고 자란 세대의 타고난 감각을 속일 수는 없다.

시드물이 사람들의 선택을 받게 된 과정은 기업이 브랜드를 띄우는 시장의 논리와는 다르다. 자신을 잘 안다고 생각하는 소비자에게는 인위적인 마케팅, 일방적인 추천이 먹히지 않는다. 이들은 스스로 검토하고, 판단하고, 신뢰하기를 원한다. 기다려주어야 한다. 아는 사람만 아는 제품이지만 시드물은 13년이나 된 브랜드다. 문제는 '13년을 기다릴 수 있는가'이다. 창업자가 아니고서는 13년은커녕 3년도 기다리기 어렵다. 임원의 임기가 3년을 넘기기 어려운데 어느 누가 내 임기 내에 빛을 내지 않는 브랜드를 지원하겠는가? 하지만 소비자는 기업의 임직원이 아니다. 소비자는 브랜드의 러브콜을 받아들이는 연인에 가깝다.

"나는 너를 위해 태어났어. 너를 위해 13년을 기다렸어. 나는 한 번도 변한 적이 없고 앞으로도 그럴 거야."[1]

이름이 없는 브랜드

브랜드는 근본적으로 이름이다. 1980년대 미국에서 있었던 일이다. 네일 전문숍에 네일팁(매니큐어 바른 듯 디자인된 인조손톱)을 납품하는 분이 있었다. 당시에는 네일아트가 지금처럼 보편화되지 않았고 네일팁을 붙이는 것은 더더욱 일반적인 현상이 아니었기에 네일팁 판매도 쉽지 않았다. 네일 전문숍을 일일이 방문하며 판매하던 사장님은 자신의 네일팁에 'KISS'라는 이름을 붙였다. 'kiss'에는 흔히 생각하는 입맞춤이라는 뜻 외에 붙였다 떼었다 하는 의미도 있다. 네일팁은 손톱에 붙였다 떼는 것이므로 이 이름은 기억하기 좋고 설명하기도 좋았다.

이름을 붙인 것만으로도 네일팁은 훨씬 더 잘 팔렸다. 그리고 1988년, 육상선수 그리피스 조이너가 네일팁으로 화룡점정을 찍은 화려한 패션으로 올림픽에 출전해 세계신기록을 세우면서 KISS 네

---

1) 2018년 6월에 시드물이 L드러그스토어에 입점했다. 브랜드와 유통사가 비즈니스를 위해 전략적 제휴관계를 맺은 결과일 것이다. 시드물이 앞으로 어떤 행보를 하더라도 '이 좋은 거 나만 알고 싶었는데…'라고 말하는 팬들과 좋은 관계를 계속 이어가기를 바란다.

일팁도 판매 신기록을 세우게 되었다. 그 후 네일아트가 일반화되면서 KISS 네일팁은 그야말로 1등 브랜드가 되었다.

이것이 '키스뉴욕'이라는 이름으로 한국에 들어온 KISS의 브랜드 스토리다. 브랜드는 이름 없이는 설명될 수 없다. 브랜드가 이미 이름이라는 뜻을 담고 있기 때문이다. 그런데 이제는 브랜드 없음이 브랜드가 되었다. 무인양품(無印, 도장이 찍히지 않은, 즉 브랜드가 없다는 뜻이다), 노브랜드, 그리고 최근 미국에서 스타트업으로 시작한 브랜드리스(BRANDLESS) 등이 그 예다. 이런 브랜드의 가치는 흔히 '가성비'라고 표현된다. 거품을 제거하여 낮은 가격에 좋은 제품을 제공한다고 한다.

하지만 '브랜드 없음'을 표방하는 브랜드가 반드시 저렴한 것은 아니며, 마찬가지로 가성비는 저렴함을 뜻하는 것이 아니다. 무인양품이 결코 싸지 않다는 것은 대부분 인지하고 있는 사실 아닌가? 조리용 집게의 가격은 무인양품 공식몰에서 1만 9000원이다. 일본 우치쿡 브랜드를 달고 있는 깔끔 조리집게는 1만 6000원, 다이소몰에서 할인하여 1만 2800원에 판매된다. 음식 재료를 집었다 놓았다 하는 집게의 성능이라는 것이 1.5배 차이를 갖기는 어렵다. 하지만 무인양품 집게는 엄연히 가성비라는 이유로 선택된다. 이때 무인양품의 가성비는 디자인에 있다. 무인양품 디자인이 나에게 부여하는 심적 만족감은 여타 제품의 1.5배를 훨씬 뛰어넘는다. 그렇다면 무인양품 디자인은 가격 대비 만족스러운 성능을 제공한 것이 된다. 그런 뜻에서 가성비 대신 '가심비'라는 표현을 쓰기도 한다.

노브랜드의 가성비는 인지적 저렴함이다. 노브랜드의 제품은 기준이 되는 경쟁제품을 떠올리게 한다. 감자칩을 생각해보라. 노브랜드 감자칩을 보는 순간, 쉽게 P감자칩이 떠오른다. P감자칩의 가격을 생각하면 노브랜드 감자칩은 저렴하다. 경쟁제품과 비교해 가격이 낮거나, 양이 많거나, 두꺼운 질감을 제공한다. 무엇과 비교해야 하는지 명확하게 알려주고, 그 제품과 나머지는 같은데 딱 하나가 더 낫다고 설득한다. 소비자는 쉽게 비교할 수 있고, 노브랜드의 비교 우위 포인트를 쉽게 받아들일 수 있다.

이제는 노브랜드가 하나의 유통채널이 되고 있다. 개별 제품마다 일일이 비교제품을 제시하지 않더라도 노브랜드 채널 자체를 믿게 되면 소비자는 노브랜드로 정착할 것이다. 그 브랜드를 인지하게 만드는 시작 포인트가 있고, 그 브랜드를 신뢰하게 만드는 일관된 정책이 있고, 그렇게 신뢰가 쌓이면 소비자는 그 브랜드에 정착한다. 계속 비교하며 여기저기 옮겨 다니는 것은 번거로운 일이기 때문이다. (브랜드에 대한 신뢰와 정착에 관해서는 '나를 말해주는 브랜드' 부분에서 자세히 다루기로 한다.)

미국의 스타트업 브랜드리스는 가격마저 통일시켰다. 한국에는 이미 천냥숍이라는 이름으로 가격을 통일시킨 채널이 있었다. 비록 천냥숍에서 1000원짜리 물건만 팔지는 않았지만, 요컨대 통일된 가격이라는 개념이 완전히 새로운 것은 아니다. 브랜드리스의 장점은 가격비교의 번거로움을 제거한 것이다. 가성비가 가격 대비 성능이라 할 때, 과정의 편리함도 성능의 한 축이 될 수 있다. 상품이

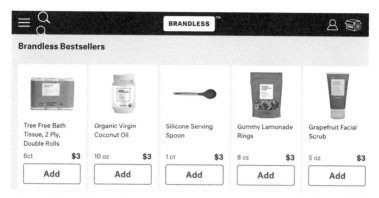

▲ '브랜드리스' 홈페이지 메인화면(brandless.com)

넘쳐나는 풍요 속에서 오히려 '선택장애'를 호소한다. 선택의 어려움은 사람을 수동적으로 만든다. 수동적이고 싶은 사람은 아무도 없다. 선택의 여러 요소 중 하나를 과감히 제거하여 선택을 쉽게 만드는 것도 브랜드 없음의 전략이다.

가성비를 고민하는 마케터는 두 가지를 염두에 두어야 한다.

첫째, '선택의 편리'다. 선택의 번거로움을 어떻게 제거할 것인가? 비교 포인트를 확실히 제시하고, 그 지점에서 나의 우월함을 강조한다. 가격을 통일하는 등 비교요소 하나를 완전히 제거해 선택을 쉽게 하는 것이다.

둘째, '인지적 저렴함'이다. 싸구려를 구매하고 싶은 사람은 아무도 없다. 가성비를 추구하더라도 싸구려가 아닌 느낌을 주는 것이 중요하다. 가성비는 소비자가 느끼는 감성이지, 제조사가 제공

우티스 전략:
신과 같이 고귀한 오디세우스가
자신의 고귀함을 숨기고,
아무도 아닌(outis) 사람이라고 말하는 것.
오디세우스와 같은 고귀함이 없으면
아무것도 아니라고 말할 수 없다.

하는 혜택이 아니다. 소비자가 어떤 이득을 얻었다고 느끼게 만들지 결정하고 그 포인트에 집중해야 한다.

마지막으로, 브랜드 없는 시대라 하여 무작정 브랜드부터 없애고자 한다면 오디세우스가 전하는 오래된 이야기를 기억할 필요가 있다. 전략적으로 자신은 이름이 없다고 외친 가장 오래된 인물은 오디세우스일 것이다. 오디세우스가 외눈박이 거인의 눈을 찌르고 탈출한 사건이 있는데, 그때 자신의 이름을 '아무도 아닌(nobody)'이라는 뜻의 우티스(outis)라고 둘러댔다. 눈을 찔린 거인이 소리를 지르자 동료 거인들이 누가 그랬냐고 물었는데 "우티스!"라고 외쳐대는 바람에 도움을 얻지 못했다는 이야기다.

오디세우스의 재치가 돋보이는 이야기이며 동시에 오디세우스이기에 취할 수 있는 전략이다. 그리스 신화에서 오디세우스는 신과 동급으로 고귀한 대접을 받는 몇 안 되는 인간 중 한 명이다. 오디세우스이기에 아무도 아닌 사람이라고 자신을 소개했을 때 이야기가 되고 전략이 된다.

브랜드도 마찬가지다. 이름 없는 브랜드의 전략은 가성비가 아니라 나의 고귀함을 숨기는 것이다. 경쟁 브랜드들이 나를 찾지 못하도록 다른 판으로 자리를 옮기는 것이다. 여타 브랜드들은 '아무것도 아닌 브랜드가 나를 죽이려 한다'고 외칠 것이다. 노브랜드는 1등마트 이마트이기에 가능했다. 브랜드리스는 아마존이라는 공룡을 상정했기에 가능하다. 무인양품 역시 화려한 시대, 최고만을 외치는 시대이기에 가능했다. 아무나 브랜드 없음을 외칠 수 없다. 키스 사장님은 자신의 제품에 키스라는 이름을 붙이는 것이 옳았다. 뺄 거품이 없는데 무슨 거품을 빼겠다는 것인가? 당신은 충분히 고귀한가? 고귀하다면 이름을 지울 수 있다. 그리고 말할 수 있다.

"너를 위해 모든 것을 포기했어, 이름마저도."

나를 말해주는 브랜드

브랜드가 연애의 대상이라고 생각해보자. 과거의 연애는 운명처럼 주어지는 단 한 사람을 만나는 것이었다. 결과적으로 여러 사람을 사귈 수는 있지만, 연애의 순간에는 여러 명 가운데 고른다는 느낌보다는 단 한 사람을 놓고 사귈지 말지를 고민했다.

지금의 연애는 여러 명 중에서 상대를 고르는 느낌이 강하다. 소개팅 앱에 들어가 보라. 앱에는 수많은 후보자들이 있다. 어느 때보다 스스로를 잘 안다고 생각하는 이 시대의 선택자들은 자신의 성향을 앱에 기록한다. 나이, 학벌, 외모(사진), 키, 연애 성향… 다음 단계는 모든 후보자들의 성향을 꿰뚫고 있는 기술(소개팅 앱)의 도움으로 선별된 후보자들을 훑어보는 것이다. 괜찮으면 저장하고 그렇지 않으면 스킵하면서 후보군이 추려진다. 저장된 후보군을 다시 검토한다. 괜찮으면 저장하고, 그렇지 않으면 스킵하며 연락해보고 싶은 한 명 혹은 2~3명이 추려진다.

연애 대상을 찾는 일은 효율적이어야 한다. 밀고 당기고 설명하

〈브랜드 혹은 연애 상대를 찾는 태도의 변화〉

'나와 만나는 너에게 맞춰갈게.'		'나와 잘 맞는 너를 만나다.' (유명 소개팅 앱의 캐치프레이즈)
브랜드는 소비자를 위하겠다고 천명하고, 소비자의 변화에 맞춰 조금씩 변해간다.		브랜드는 처음부터 자신이 누구인지 밝혀야 한다. 소비자와 맞으면 선택되고 그렇지 않으면 탈락이다.

고 오해하고 설득하고 맞춰가는 과정은 건너뛰고, 이미 자신의 성향을 밝힌 후보군 중에서 나에게 맞는 상대를 고른다. 앞서 말한 것처럼 오늘날의 시대정신은 '나를 잘 안다', '효율을 추구한다'로 요약된다. 한 명의 대상과 밀고 당기지 않고 N명의 대상 중에서 최선을 고른다.

연애 상대가 상품이 된 것인지 브랜드가 연애 대상이 된 것인지 모르겠지만(아마도 둘 다일 것이다), 브랜드를 대하는 태도는 연애 상대를 찾는 것과 유사하다. 수많은 선택지 중에서 소비자는 자신에게 맞는 브랜드를 선택한다. 과거와 차이가 있다면 맞춰가는 것이 아니라 맞는 브랜드를 찾는다는 것이다.

선택후보에 들 수 있는 브랜드-다움이 있는가?

선택지가 너무 많다. 브랜드도 너무 많고, 소비할 곳도 너무 많다. 너무 많아서 무엇을 고를지 곤란을 느낀다. 이 증상이 계속되면 무력감을 느낀다. 무력감이 든다고 소비나 선택을 포기할 수는 없다. 대신 잘 결정해줄 누군가를 찾는다. 그 누군가는 당연히 신뢰하는 누군가다. 신뢰를 바탕으로 그 사람이 선택한 그 브랜드를 믿는다. 그렇게 그 브랜드에 정착한다.

지금을 브랜드 정착의 시대라고 말하기는 어렵다. 오늘날의 소비자는 자신에게 맞는 브랜드를 찾기 위해 새로운 브랜드를 시도하고 신상품을 받아들이는 수용도가 매우 높다. 오히려 신상이어서 더 잘 받아들이기도 한다. 하지만 선택의 피로가 올 것이다. 사람들이 피로감을 느낀다는 시나리오가 첫 번째, AI가 선택을 대신한다는 시나리오가 두 번째다.

무엇이 되더라도 선택받기 위해 브랜드 정체성을 밝히는 일은 필수적이다. 브랜드 철학이라 하기에는 거창하다. 영업을 기반으로 성장한 제조사일수록 '철학'이라는 말에 거부감을 느끼는 듯하다. 철학이 마치 비즈니스와 무관한 고상한 말놀이로 여겨지기 때문일 것이다. 철학이라는 말 대신 브랜드 정체성, 브랜드 캐릭터, 브랜드-다움이라고 이해해보자.

마켓컬리는 빵으로 입소문을 타기 시작해 반찬, 간장, 달걀 하나에도 마켓컬리다움을 보여주었다. 소비자는 마켓컬리의 선택을 믿게 되었고, 유사한 신선식품 구입 앱을 여기저기 둘러보다가 "마켓컬리로 정착했어요"라고 말하기 시작했다. 온라인 신선식품 시장은 소비자를 정착시키는 중요한 시점에 와 있다. 지금은 여러 브랜드를 탐색하는 단계이지만 일단 소비자가 정착하고 나면 앞으로 들어올 신규 브랜드는 소비자 인지에 도달하기도 어려워질 것이다. 그러므로 아직 탐색 단계에 있을 때 후보군 안에 들어야 하고,

그러기 위해 나는 누구인지를 소비자의 머릿속에 각인시켜야 한다. 그래야 당장 선택되지 않더라도 다음 기회라도 노려볼 수 있다.

브랜드 한 줄 요약을 각인시키는 단계를 넘어, 기왕 욕심을 낸다면 내 브랜드를 쓰는 사람들을 느슨한 공동체라고 일컬을 수 있는지 여부를 생각해보자. 마켓컬리를 쓰는 사람들을 특정 가치관 공동체라고 부를 수 있을까? 소비 성향이 유사한 사람들이라고는 볼 수 있을 것이다. 예쁜 것을 좋아하고, 먹는 것에 돈을 아끼지 않고, 집에 발뮤다 토스터가 있거나 살까 말까 고민하는 사람들, 인구통계학적으로는 여성, 서울 거주, 30대, 1~2인 가구로 수렴될 가능성이 높다. 하지만 이들을 한 자리에 모아놓고 토론을 한다면 어떨까? 관심사는 같을지 몰라도 가치관이 같다고 보기는 어려울 것이다. '나는 마켓컬리를 이용하는 사람이다'라고 말하고 싶은가? 다시 말해 '마켓컬리는 나를 드러낸다'고 말할 수 있는 브랜드인가? 소셜빅데이터에서 마켓컬리 애용자여서 자랑스럽다는 단서는 아직 발견되지 않는다.

한살림은 다르다. 한살림은 유사한 유기농 매장과 비교하여 '믿다', '싸다', '건강하다', '만족하다', '착하다', '기분 좋다', '행복하다'는 감성어를 보유하고 있다(246쪽 도표 참조). 싸고, 건강하고, 착한 것은 그 브랜드의 특징이고, 그 브랜드를 대하는 나의 감정은 기분 좋고, 행복하다.

〈'한살림' vs. 'A유기농몰' 연관 감성어〉

	한살림		A유기농몰
1	좋다	1	좋다
2	맛있다	2	맛있다
3	**믿다**	3	괜찮다
4	괜찮다	4	비싸다
5	**싸다**	5	믿다
6	힘들다	6	힘들다
7	비싸다	7	편하다
8	편하다	8	싸다
9	**건강하다**	9	안심하다
10	**만족하다**	10	건강하다
11	깔끔하다	11	가깝다
12	안심하다	12	깔끔하다
13	**착하다**	13	간편하다
14	**기분 좋다**	14	맛없다
15	행복하다	15	담백하다

출처 | Socialmetrics™, 2016.01.01~2018.07.31

"휴가 다녀와서 한살림 소식지를 보고 있는데 채식을 할 자신은 없지만 육류를 가능하면 줄이고 싶은 마음에 스크랩… 늘 생각할 거리를 얹어주는 한살림 참 좋음."

"밥상살림, 농업살림, 생명살림 슬로건으로 하는 한살림 매장을 정말 애용합니다. 맛있는 과일도 팔아주시고 이런 일도 해주시고, 정말 한살림 조합원인 게 자랑스럽습니다. 저만 먹기 너무 아쉬워서 추천드려요!"

"한살림 냉면 진짜 맛있다. 채식실천 이후 그리운 것 중 두 가지가 냉면이랑 만두였는데, 이젠 문제없다. 냉면은 한살림 것으로, 만두는 버섯, 두부, 숙주, 김치 등등등 넣고 만들어 먹으면 된다! 나의 삶이 한살림과 닮아 있는 것 같아 괜히 더 애착 가고 그러네."

그 브랜드가 발행한 카탈로그가 아니라 '소식지'를 읽는다, 나에게 생각할 거리를 제공한다, 그 브랜드 회원임이 자랑스럽다, 내 삶이 브랜드와 닮아 있다… 이쯤 되면 한살림은 브랜드 철학의 대명사라 할 수 있겠다.

한살림은 건강주의 라이프스타일을 대변하는 브랜드로 인식되지만, 때로는 그 상징성이 고급과 여유로 변신하기도 한다. 특정 요일만 배달되는 한살림의 느린 배송을 기다릴 수 있는 사람, 지구를 위해 유기농 제품의 비싼 가격을 받아들일 수 있는 사람, 가치 소비를 수용하는 여유 있는 사람임을 증명할 수단이 되기도 한다. 한살림 조합에 가입해 '조합원'으로 활동하기보다는 '회원'으로서 한

▲ '한살림' 홈페이지(shop.hansalim.or.kr)

살림 상품을 이용하는 특권을 얻는다고 인식되기도 한다. 그럼에도 한살림의 한 줄 요약은 한살림의 특성을 넘어 철학이 되고, 유사한 가치관을 가진 사람들을 느슨한 공동체로 묶어낼 수 있는 힘이 되기에 충분하다.

　브랜드는 사라지고, 브랜드 철학만 남았다. 브랜드 철학은 아니더라도 브랜드-다움은 있어야 한다. 브랜드-다움이 있어야 하는 이유는 더 높은 가치를 인정받기 위해서가 아니라, 선택의 후보군에라도 들기 위해서다. 브랜드 철학의 고전적인 사례로 드는 무인양품처럼 제품이 아니라 철학을 표방하는 캠페인 광고를 할 수 있느냐, 무인양품의 철학을 담은《무인양품 ○○○》이라는 책을 10여 종이나 낼 수 있느냐고 묻는 것이 아니라, 이 수많은 브랜드 중에서 소비자의 인지망 혹은 AI의 네트워크 안에 걸려들어야 하는데 그러기 위한 브랜드의 한 줄 요약은 무엇이냐고 묻는 것이다.

삶을 가르치는 브랜드

가장 저관여 제품에 가장 충실한 댓글이 달리는 쇼핑몰은 어디일까? 바로 'New Lifestyle Store'를 표방하는 '펀샵(Funshop)'이다. 칫솔모, 칫솔대 등의 제품 정보, 칫솔꽂이, 패키지 등 제품진열 제안, 욕실에 어울리는 칫솔 디자인이 부재했다는 한탄, 세련된 욕실 라이프를 시작해야 한다는 웅변까지 개당 3000원짜리 칫솔 하나에 매우 긴 상품설명이 붙어 있다. 구매자들의 후기 역시 만만치 않다. 국내산인 것 같은데 수출해도 좋을 것 같다, 모노톤의 컬러가 신의 한 수다, 치석이 확 줄어 의사가 걱정(?)한다 등등 구매자가 아니라 같은 회사 직원이 쓴 것 같은 평가들이다. 여타 쇼핑몰의 상품후기가 포인트를 받기 위해 쓴 '배송 빠르다', '상품 잘 왔다' 등으로 도배되어 있는 것과는 차원이 다르다.

펀샵은 어떤 브랜드인가? 서울 강남역 근처에 있는 오프라인 매장에 가보면 장난감을 좋아하는 남성들을 위한 특이상품 모음집이라는 생각이 든다. 목각으로 만든 장난감 기차, 온갖 특이한 종류의 냉장고 자석, 개와 새를 합쳤다는 개새피규어, 초대형 세계지도, 특이한 만년필, 마트에서는 좀처럼 볼 수 없는 1인용 먹거리들, 식물들, 고무장갑 하나도 특이한 색깔을 판매한다. 얼핏 보면 장난감 가게 같기도 하고, 다시 보면 박물관 같기도 하고, 또 다시 보면 이렇게 살라고 가르치는 교육장 같다.

펀샵의 타깃은 남성이다. 처음부터 남성이 타깃이었는지는 모르

▲ '펀샵' 홈페이지 메인화면(www.funshop.co.kr)

겠지만 결과적으로 남성이다. 남성이라고 해서 한껏 멋을 내는 소
위 그루밍 족은 아니다. 그렇다고 컴퓨터와 게임에 밝은 긱(geek)스
러운 남성도 아니다. 마냥 젊기만 한 것도 아니다. 그럼에도 펀샵의
팬들은 (대체로 열혈팬들인데) 대한민국의 일반적인 남성은 아니다.
즐거운 것, 재미있는 것, 새로운 것, 예쁜 것을 좋아하는 남성들이
다. 그들이 이 쇼핑몰 브랜드를 중심으로 모여서 댓글놀이를 하고
있다. 펀샵 MD도 이를 알고 상품설명을 이야기처럼 풀어놓는다.

　펀샵의 상품들은 우리 더 즐겁고 재미나게 살자, 더 세련되고 모
던하게 꾸미자, 삶을 더 가꾸자고 말하고 있다. 펀샵에서 만든 자체
상품 브랜드명이 '라이프'다. 라이프의 대표 제품은 칫솔, 치약, 우

산, 의자 등이다. 누구에게나 필요하지만 가장 평범하기에 디자인을 등한시해왔던 소모품들에 편샵스러움을 더하여 새로운 삶을 제안한다는 긴 상품설명이 달려 있다. 상품에 대한 댓글은 감사와 감동, 애정이 넘쳐나는 또 하나의 이야기다. 편샵 댓글 앞에는 작성자가 몇 번째 구매자라는 숫자가 훈장처럼 달려 있는데 6000번째 이상 구매자도 눈에 띈다. 대부분 3000, 4000, 5000번째 이상 구매자다. 편샵 쇼핑몰의 댓글을 보고 있으면 구매자가 아니라 '편샵을 사랑하는 사람들의 모임' 회원들을 보고 있는 것 같다. 《소비의 역사》에서 저자는 '온라인 쇼핑몰이 새로운 공동체의 대안이 될 수 있지 않을까?'라고 묻는데, 편샵은 그 가능성을 보여주고 있다.[2]

똑똑해진 소비자의 니즈에 맞추는 것이 브랜드의 임무일까? 아니면 소비자보다 앞서가며 소비자를 리드하는 것이 브랜드의 임무일까? 무인양품이 미니멀라이프라는 새로운 삶의 방식을 제안했다고 볼 수 있을까? 미니멀라이프를 추구하는 소비자의 니즈에 맞춰 상품을 내놓은 것일까? 무인양품의 경우만 놓고 본다면 브랜드가 소비자를 리드했다고 하는 편이 맞을 것이다. 모던한 칫솔은 소비자의 니즈에 맞추었다기보다는 세련된 욕실에 대한 브랜드의 제안이었다. 소비자는 이를 끄덕끄덕 공감하며 받아들였다.

삶이 너무 빠르게 변하고 있다. 지금까지 누구도 보여주지 않았

---

2) 설혜심, 《소비의 역사》, 357쪽, 휴머니스트.

던 삶을 살아내야 하는 사람들이 늘고 있다. 혼자 대충 자취하다가 결혼해서 구매와 관련한 모든 의사결정권을 아내에게 맡긴 혹은 뺏긴 남성들이 자기만의 취향으로 자기만의 시공간을 꾸미고자 한다. 갑자기 없던 취향이 생기기도 어렵고, 혼자만의 공간을 위한 인테리어 제안 혹은 정보도 부족하다. 그들을 위해 새로운 삶의 방식을 제안하고 가르치는 것은 학교가 아니라 브랜드일 것이다.

우리 브랜드의 학생은 누구인가? 누구에게 어떤 삶을 제안할 것인가?

아직 학생들을 결정하지 못했다면 지금 새로운 학생군을 제안하고 싶다. 자신을 위해 돈과 시간을 써본 적이 없는 남성들, 밤 10시 이전에 퇴근해본 적이 없는데 갑자기 6시에 회사를 나서서 어디에서 무엇을 해야 할지 모르는 남성들, 살림은 해본 적 없고 살림하는 남성을 본 적도 없는데 지금부터는 살림이라도 해야 한다고 강요당하는 남성들을 위한 새로운 주방도구, 새로운 놀잇감, 새로운 소비처를 제공한다면? 이러한 브랜드는 비즈니스 기회를 얻을 것이고, 이 땅의 남성과 여성 모두를 위해 큰일을 하는 것이리라.

브랜드의 노선을 정하자

소비자의 연인이 될 것인가? 쇼핑몰의 제품이 될 것인가?

브랜드의 한 줄 요약을 정하자

그 한 줄은 별로 똑똑하지 않은 AI가 이해할 수 있어야 한다.

브랜드 학교를 상상하자

누구에게, 어떤 삶을 가르칠 것인가?

Chapter 9.

로망을
실현하는
방법의 변화
-다이슨과 차이슨 _김정구

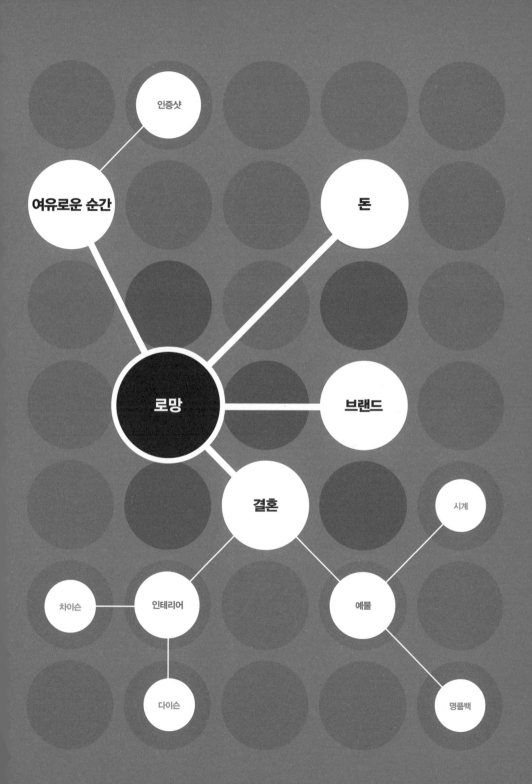

꿈은 이루고 로망은 지르는 것

꿈과 로망은 상호관계성이 높은 언어다. 사전적 의미가 유사하기도 하고, 실제로 유사한 맥락에 쓰이고 있기도 하다. 그러나 한 가지 짚고 넘어갈 부분은 있다. 두 언어에 대해 사람들이 표현하거나 전달하는 뉘앙스가 다르다는 점이다. 다시 말해 '언어의 온도차'가 존재한다.

'꿈'은 목표를 가지고 무언가를 이루고자 하는 마음이다. 즉 자신이 바라는 무형의 위치/지위 등을 아직은 성취하지 못한 상태이고, 그러므로 앞으로 노력을 기울여야 한다. 시간과 노력이 반드시 전제된다. 반면 '로망'이 가리키는 대상은 대개 제품, 옷, 자동차, 인테리어 등 유형의 것이다. 반드시 미래시제인 것도 아니다. 돈 혹은 신용카드와 그것을 지를 약간의 용기만 있다면 지금 당장이라도 내 손에 들어올 수 있는 것을 우리는 로망이라 부른다.

그래서 로망은 꿈보다 상대적으로 손쉽다.

실제로 사람들은 로망(템)에 대해 더 많이 지르고 인증하고 있다.

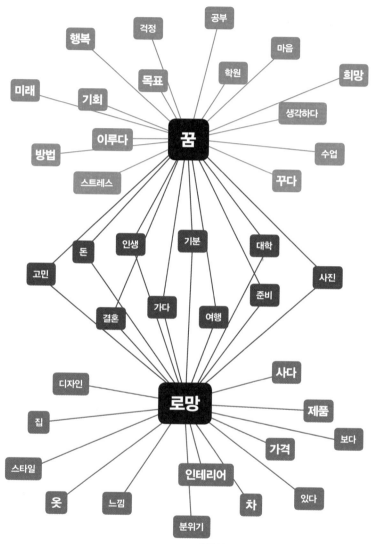

출처 | Socialmetrics™, 2016.01.01~2018.08.31

소비의 변화

〈'로망'의 주요 연관 키워드 변화〉

주요 상위 키워드	결혼, 집, 웨딩, 여행, 휴가, 취미, 아파트, 시계, 구두…
주요 상승 키워드	인테리어, 자동차, BMW, 벤츠, 가격, 할부, 부자, 영화…
주요 하락 키워드	꿈, 대학, 캠퍼스, 캠핑카, 호텔…

출처 | Socialmetrics™, 2016.01.01~2018.08.31

그러나 그 안에 꿈에 대한 언급은 줄어들고 있다. 로망과 꿈의 연관성은 조금씩 멀어지는 중이다(도표 참조).

꿈보다 선호되는 로망, 사람들은 로망(템)에 대해 어떻게 생각하고, 어떻게 실현하고 있을까?

오른쪽 도표를 보면, 최근 사람들이 로망(템)에서 기대하는 느낌은 한마디로 '여유로운 순간'이다. 며칠의 시간, 약간의 용기 그리고 신용카드만 있다면 항공권과 스타일리시한 오션뷰 호텔을 지르고 나의 로망을 실현할 수 있다. 호텔이나 해변에서 가볍게 책 한 권 읽으며 시원한 맥주 한잔 마시는 행위 자체가 늘 꿈꿔오던 로망일 수도 있지만, '나의 로망을 드디어 질렀어'라든지 '나 이런 여유를 즐기는 사람이야'라고 보여줄 수 있는 사진 한 컷으로 지인이나 팔로워들에게 순간의 나의 느낌을 전달했다면 그것만으로도 충분하다. 설령 사진 한 컷 찍고 부지런히 다음 목적지로 향해야 하는 바쁜 일정이라도, 사진에는 '여유'만이 담긴다.

〈'로망' 연관어〉

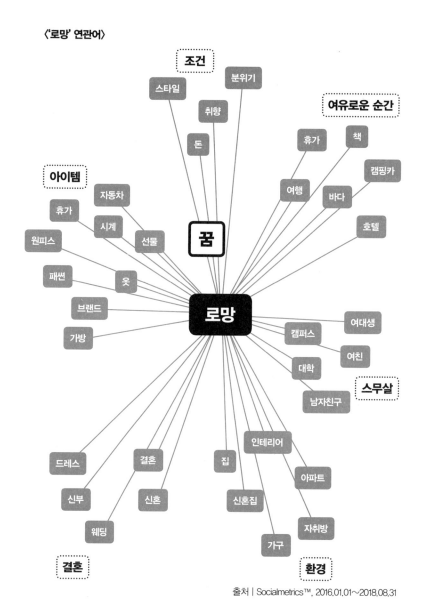

조건
스타일
분위기
취향
돈

여유로운 순간
휴가
책
캠핑카
여행
바다
호텔

아이템
자동차
휴가
시계
선물
원피스
패션
옷
브랜드
가방

꿈

로망

여대생
캠퍼스
여친
대학
스무살
남자친구

드레스
결혼
집
인테리어
신부
신혼
신혼집
아파트
웨딩
가구
자취방

결혼

환경

출처 | Socialmetrics™, 2016,01,01~2018,08,31

"꺄 드디어 질렀어요 인생의 #로망 #우리가족 #해외여행 제 생일 12
월 1일에 딱 맞춰서 떠나는 #로얄캐리비안크루즈"

그러나 로망의 대상이 되려면 조건이 있다. 한눈에 가격이 보이
는 것, 나의 투자가 빛을 발하는 것이어야 한다. 앞의 도표에 드러
난 로망템들은 옷, 시계, 가방, 구두, 자동차 등 브랜드 제품 일색이
다. 무언가를 지르고 자랑하려면 남들이 봤을 때 그것의 가치를 느
낄 수 있어야 한다. 소셜미디어 어디에나 내가 로망템을 지르기 위
해 거쳤던 과정과 상황에 대한 이야기가 있을 뿐, 가격은 굳이 말하
지 않는다. 사진 한 장, 브랜드 혹은 모델명 정도의 정보만으로 가
격대를 얼추 예상할 수 있는 아이템이어야 로망템이 될 수 있다.

"여자의 로망 샤넬백을 들어본 날… 파리 깜봉점에서 데리고 온 아이
보이백과 이 아일 두고 뭘 살지 고민고민하던 중에 직원에게 물어보니
리미티드에디션이라며 요 아일 추천♡… 개봉박두 살짝 드러나는 샤
넬백 짜잔~~ 너무 이쁘다 요 빈티지한 은장 장식이 한층 더 멋스럽"
"인생의 첫 롤렉스 입양했습니다… 어릴 때부터 아버지의 롤렉스가
인상 깊었고 로망처럼 남았는데, 드디어 제가 사용하게 되었습니다.
감개무량합니다 ㅜㅜ"

물론 그 가격은 (비록 할부일지라도) 나의 용기 낸 투자가 빛을 발할
만한 수준이어야 한다. 3만 원짜리 스타벅스 한정판 텀블러나 커피

17잔을 마셔야 받을 수 있는 다이어리는 로망템이 아닌 것이다. 그것은 그저 내 취향을 드러내기 좋은 아이템일 뿐이다. 사람들이 오랜 가치를 인정해온 브랜드, 지인과 팔로워들에게 격하게 축하와 부러움을 받을 수 있는 아이템을 우리는 로망템이라 부른다.

"새 차는 인증이라면서요? 어릴 적부터 로망이었던 삼각별… 오늘 드디어 e220 질렀습니다… 이거 지르려고 정말 열심히 일했어요…ㅋㅋㅋ 비록 일부는 할부이긴 하지만ㅋㅋㅋㅋ 앞으로 10년 타려고요… 모두 안전운행하세요~"

"영원한 로망 티파니 (Feat. 60개월 할부면 사치가 아닙니다.) 아니 이 설레는 파란 봉투는!… 목걸이 참 이쁘다~ 다시 한 번 강조하지만 60개월 할부로 사용 중인… 최고죠 ㅋ 열심히 돈 벌어 다음번에 60개월 할부로 다른 제품도 도전해봐야겠어요 ^0^"

할부로라도 질러서 갖고자 하는 로망(템)은 여전히 강력하지만, 구성요소에 조금씩 변화가 보이기 시작한다. 이미 말했듯 꿈과 로망이 멀어지고 있다. 장소로서 호텔도 로망에서 조금씩 멀어지고 있다. 여행이라는 특별한 이벤트 상황에서만 갈 수 있었던 호텔이 일상의 영역으로 들어왔기 때문일 것이다. 이처럼 이벤트와 일상이 자리바꿈하면서 로망의 대상도, 속성도 달라지고 있다. 무엇이 떠오르는 로망(템)일까? 당신의 비즈니스는 사람들이 할부로라도 갖고 싶은 로망(템)의 영역 안에 있을까?

"저 오늘 드디어
제로망템을
12개월 할부로 질렀습니다.
축하해주세요."

사라지는 스무 살의 로망 vs. 로망이 된 결혼

로망을 구성하는 한 축에는 '스무 살'이 있다. 한국사회에서 할아버지의 재력과 아빠의 무관심, 그리고 엄마의 정보력이 효율적으로 시너지 효과를 내어 통과하는 1차 관문은 대학이다. 우여곡절 끝에 힘겹게 도달한 만큼, 스무 살 캠퍼스의 낭만에 대한 동경이 아직까지는 존재한다.

하지만 그 로망은 예전만큼 강력하지 않다. 로망의 유효기간도 짧아졌다. 대학에 들어가도 기다리는 건 학비, 취업이라는 암울하기 짝이 없는 현실뿐임을 이미 알고 있기 때문이 아닐까? 설령 취업이라는 바늘구멍을 통과하더라도 학창시절 선생님, 부모님, 책에서 그렇게 이야기하던 '성공한 인생'을 살기 어렵다는 것을 이미 알고 있기에 "아무나 돼"라던 이효리 님의 한마디가 더 오래 그들의 머릿속에 남는 것 같다.

"진짜 고등학교 때부터 잠도 안 자고 열공해서 그렇게 들어가고 싶던 대학에 들어왔는데요⋯ 대학 들어가면 여친도 생기고 캠퍼스의 낭만도 있을 거란 로망이 있었어요⋯ 근데 신입생 환영회에서 선배들이 학점 관리 잘해라⋯ 너무 놀기만 하면 X된다⋯ 이런 얘기만 하는 거예요⋯ 첫날부터 완전 짜증났어요⋯ 오늘도 알바 가야 하는데 주저리 주저리 떠들어봤습니다ㅋ"

"힘들게 학교 들어갔더니 이제부턴 다시 취업 전쟁이네요⋯ 알바로 학비 벌랴 스펙 준비하랴 우울하네요… 아빠는 대학 다닐 때 연애도 낭만적으로 학생운동도 낭만적으로 했다고 하던데… 그때는 대학 나와서 대기업 들어가기 쉬웠다고 ㅋ"

스무 살의 로망이 지면서 새롭게 청년 세대의 로망으로 떠오르는 것은, 결혼이다.

노력한다고 다 이룰 수 있는 것은 아니라는 점에서 결혼은 꿈의 범주가 아니다. 그렇다고 소수만 성취할 수 있는 로망의 범주도 아니었는데, 이제 결혼이 점점 로망의 영역으로 들어오고 있다. 각자 사정이 있겠지만 결혼적령기로 분류되는 사람들이 더 이상 결혼하지 않는다는 사실은 이미 숱하게 듣고, 체감하고, 보아서 우리 모두 알고 있다. 사회, 경제 상황과 맞물려 결혼은커녕 당장 혼자 먹고살기도 힘든 하수상한 시절이기에 더욱더 로망의 대상이 되는 것이리라.

결혼이 가능한, 혹은 결혼을 앞둔 이들이 생각하는 결혼의 로망은 배우자를 만나 가정을 이뤄 오래오래 행복하게 산다는 동화 같은 종류가 아니다. 결혼이 로망인 이유는 온갖 로망템을 당당하게 지를 수 있기 때문이다. 마음속에 담아두었던 것들을 사들이기에 일생에 한 번(?)뿐인 웨딩만큼 좋은 기회가 어디 있겠는가. 이때를 놓치지 않고 집어드는 것은 예나 지금이나 여성 핸드백과 남성 시계다. 과연 어떤 아이템이 이 전통의 강자들을 대체할 수 있을까? 문득 궁금해진다.

"예물 예산으로 잡은 거 각자 신랑은 시계에, 저는 가방에 몰빵하기로 해서 저는 로망 백이었던 샤넬 보이백을 사기로 했는데요. 신행을 마침 프랑스로 가기로 해서 거기서 사오려고 생각 중입니다."

"오메가 아쿠아테라 구형 모델이구요 예랑이 로망인 시계라고 이전부터 갖고 싶다 했던 거라 큰맘 먹고 선물했어요~"

사는 곳에 대한 로망

결혼을 앞둔 이들이 지르는 것은 예물만이 아니다. 그들이 앞으로 살 집이야말로 결혼에 대한 로망 항목에서 빠질 수 없다.

하지만 집(아파트)은 쉽게 지르기 어렵다. 40여 년 전, 서울의 변두리 지역으로 치부되던 한강 이남 지형을 변화시키기 시작한 반포 주공2단지 아파트 16평형의 분양가는 579만 7000원이었다. 당시 시세로 쌀 239가마의 가치였다고 하니 예나 지금이나 집값은 일관되게 저렴하지 않았다. 극소수 하이엔드 제품을 제외하면 집이라는 물건은 우리가 인생에서 구입하는 가장 비싼 제품이다. 그렇기에 자신의 명의로 된 집(아파트)을 가진다는 것은 40년 전이나 지금이나 여전히 로망이고, 앞으로도 그러할 것이다.

하염없이 오르기만 하는 집값을 잡기 위한 정부의 노력은 계속되고 있지만, 이에 대해서는 이야기하지 않겠다. 청년들이 포기한 'N가지'에 집은 진즉 포함돼 있었다. 이제 사람들은 '집' 자체에 대한 로망을 말하기보다 인테리어, 가구, 가전제품 등 집의 내부환경에 대해 말하고 있다.

〈'인테리어' 연관 주요 대상/상황/장소〉

순위	연관어	구분
1	카페	장소
2	신혼집	장소
3	신혼	상황
4	아파트	장소
5	결혼	상황
6	부부	대상
7	아이	대상
8	신혼부부	대상
9	친구	대상
10	여성 기혼자(G)	대상
11	주택	장소
12	이사	상황
13	가족	대상
14	부모님(G)	대상
15	혼수	상황
16	원룸	장소
17	싱글(G)	대상
18	집들이	상황
19	빌라	장소
20	여친	대상
21	언니	대상
22	자취방	장소
23	자취	상황
24	남자친구	대상

출처 | Socialmetrics™, 2017.01.01~2018.08.31

신혼집 인테리어는 거주환경에 대한 로망을 실현할 수 있는 스타팅 포인트다. 이를 주도하는 쪽은 전적으로 여성이다. 다년간 연마한 취향과 안목을 고스란히 반영하려는 열의가 녹아들어, 신혼집 인테리어는 또 다른 로망(템)이 된다.

"신혼집 인테리어 소품 후기에요 :)… 결혼 준비하면서 커피머신 많이 찾아봤는데 그중에서도 꼭 갖고 싶었던 머신이에요! 커피맛도 꿀맛이랍니당)〈 홈카페에 대한 로망이 있어서~"
"오래전부터 꿈꾸던 신혼생활과 신혼집에 대한 로망으로 신혼집 인테리어만큼은 제대로 하고 싶었는데요. 신혼집 인테리어에 가장 큰 영향을 미치는 것이 신혼 가구…"

거실로 나온 로망

집 인테리어와 함께 언급되는 아이템은 조명(무드등), 액자, 캔들, 식물(화분) 등의 오브제에서부터 테이블, 식탁, 소파 등 가구에 이르기까지 다양하다. 이들 아이템의 공통점은 거실(그리고 거실과 이어지는 주방)에 주로 배치되는 것들이라는 점이다.

내 집 인테리어에 대한 로망은 구체적으로 거실에서 시작해 거실에서 완성된다. 집이 아니라 거실 인테리어 로망이라 해도 무방할 정도다. 거실 가구와 인테리어 소품은 응당 질러야 하는 인테리어 필수템이다. 여기에 더해 이제는 가전제품까지 인테리어의 영역으로 들어오기 시작했다. 구체적으로 말해 거실에 두는 가전제품이다. 관록의 아이템인 TV에 대해서는 이야기하지 않겠다. 아무리 디자인에 신경 쓴 제품이라 해도 전원이 꺼져 있을 때에는 거실 한쪽 벽을 가득 채운 '빅 블랙 몬스터'이기 때문이다. (언젠가 오프 상태의 TV 패널 컬러를 개인 취향대로 변경할 수 있다면 이야기는 달라지겠지만.)

TV 외에 거실에 놓는 가전제품은 대개 에어컨과 공기청정기다. 이 두 아이템에 대한 관심이 높아진 데에는 계절과 환경(공기)의 영향이 크겠지만, 동시에 집안 인테리어와도 밀접한 연관성을 보이며 관심이 증가하고 있다는 사실 또한 주목할 지점이다. 개인이 통제하기 힘든 계절/환경 이슈 때문에 어쩔 수 없이 구입하기는 하지만 아무 제품이나 사지는 않는다는 것이다. 이제 사람들은 내부 인테리어와의 조화로움도 함께 고려해 가전제품을 구입한다. 가정용 에

〈'인테리어+거실' 연관 가전제품 언급 추이〉

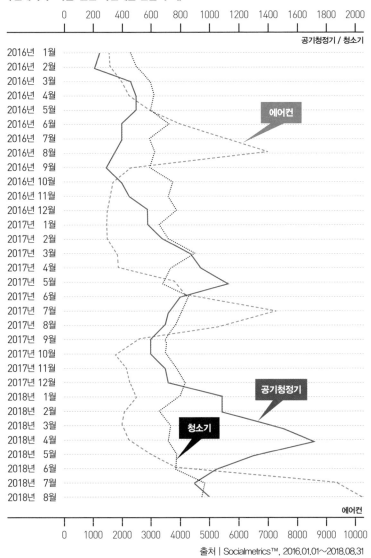

공기청정기 / 청소기

0 200 400 600 800 1000 1200 1400 1600 1800 2000	

2016년 1월
2016년 2월
2016년 3월
2016년 4월
2016년 5월
2016년 6월
2016년 7월
2016년 8월
2016년 9월
2016년 10월
2016년 11월
2016년 12월
2017년 1월
2017년 2월
2017년 3월
2017년 4월
2017년 5월
2017년 6월
2017년 7월
2017년 8월
2017년 9월
2017년 10월
2017년 11월
2017년 12월
2018년 1월
2018년 2월
2018년 3월
2018년 4월
2018년 5월
2018년 6월
2018년 7월
2018년 8월

에어컨

공기청정기

청소기

에어컨

0 1000 2000 3000 4000 5000 6000 7000 8000 9000 10000

출처 | Socialmetrics™, 2016.01.01~2018.08.31

어컨 시장을 양분하고 있는 L사와 S사의 스탠드 에어컨만 봐도 두 가지 정도의 디자인을 기반으로 변주(variation)된 제품을 출시하고 있다. 공기청정기 디자인 역시 다양해져, 성능뿐 아니라 개인 취향에 맞는 디자인을 선택할 수 있다.

청소기, 로망이 되다

이제 이 장의 주인공, 청소기 이야기를 해보도록 하자. 사람들이 집안일에 대해 이야기할 때 청소의 비중(중요성)이 증가하고 있다 (271쪽 도표 참조). 더욱 흥미로운 지점은, 아무래도 긍정적으로 임하기는 어려운 청소라는 행위에 대해 '편하다', '만족하다', '신세계다' 등의 긍정 감성어가 조금씩 증가하고 있다는 사실이다(272쪽 도표 참조). 청소에 대한 인식이 바뀐 이유는, 청소기에 대한 인식이 바뀌었기 때문이다.

현재 대한민국 청소기 시장 상황을 요약해보면 '무선청소기'와 '다이슨', 두 가지로 말할 수 있다. 유선 또는 로봇청소기보다 무선 청소기에 대한 관심이 높으며, 더 높아지고 있다. 그중에서도 관심을 독식하는 브랜드는 단연 다이슨이다. 실제 청소기 시장점유율은 이와 다르지만, 적어도 사람들이 청소기에 대해 이야기할 때만큼은 '다이슨 무선청소기 V시리즈'가 청소기의 대명사이자 여타 청소기의 비교군이다.

왜 유독 다이슨일까? 단순히 무선 편의성과 훌륭한 성능만을 가진 제품이었다면 로망템이 되지는 못했을 것이다. 다이슨 청소기

"성능은 포기해도 디자인은 포기 못해요."

를 살까 말까 고민할 때 사람들이 가장 망설이는 것은 '성능'이 아니라 '가격'이다. 그러다 최적의 구입조건(직구)을 찾아 일단 지르고 본다. 필자의 지인 중에 2년쯤 전에 일본 후쿠오카 당일치기 항공권을 사서 다이슨 청소기를 사온 사람이 있다. 꼭 그렇게까지 해서 사야 했는지 물었더니 면세 적용된 가격과 항공권 가격을 합쳐도 국내 구입가보다 저렴하다고 해서 절로 고개를 끄덕였던 경험

〈주요 집안일 언급 비중 변화〉

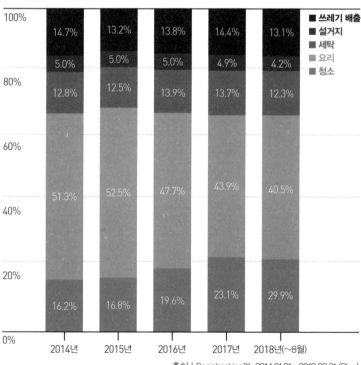

출처 | Socialmetrics™, 2014.01.01~2018.08.31 (Blog)

<'청소'의 주요 감성 변화>

주요 상위 키워드	걱정, 힘들다, 고민, 깨끗하다, 스트레스
주요 상승 키워드	편하다, 만족하다, 신세계, 편리하다, 행복하다
주요 하락 키워드	귀찮다, 피곤하다, 멘붕, 긴장

출처 | Socialmetrics™, 2014.01.01~2018.08.31

이 있다.

앞서 말했던 로망템의 조건을 다이슨은 훌륭히 충족시킨다. 굳이 말하지 않아도 모두가 대략적인 가격대를 알고 있고, 괜찮은 디자인에, 인증하기 부끄럽지 않은 브랜드 가치를 지녔다. 무엇보다도 청소기에 선뜻 100만 원을 지불하려면 약간의 용기도 필요하다. 이 모든 요건을 갖추었기에 다이슨은 청소기 로망템이 되었다.

흥미로운 사실은 이 로망을 여성만큼이나 남성(남편)이 주도한다는 것이다. 다이슨에 관한 이야기들을 들여다보면 남성(남편)이 구입을 원하거나 더 좋아한다는 내용을 심심치 않게 볼 수 있다.

"신랑이 다이슨 청소기가 가지고 싶다네요…__; 근데 가격이… 저로선 도저히 납득이 안 가서 걍 쓸 있는 청소기 쓰라고 했는데… 자기 친구들 중에 쓰는 사람 있는지 물어봤더니 한 친구가 '다이슨 청소기는 남자의 로망이지' 라고 했다네요 휠…"
"남편의 로망 다이슨 청소기요ㅋㅋㅋㅋ 남편이 예전부터 다이슨 청소기 사고 싶다고 계속 얘기하다가 쓰고 있던 일렉 고장나서 이번에

〈'다이슨' 연관 키워드 및 연관 감성〉

	연관 키워드		연관 감성
1	청소기	1	사다/지르다
2	청소	2	좋다
3	무선청소기	3	비싸다
4	먼지	4	갖고 싶다
5	공기	5	사랑스럽다
6	공기청정기	6	무겁다
7	선물	7	추천하다
8	가격	8	기다리다
9	드라이기	9	강력한
10	직구	10	고민
11	선풍기	11	가볍다
12	V6	12	편하다
13	구매	13	크다
14	LG	14	필요하다
15	미세먼지	15	직구하다
16	흡입력	16	마음에 들다
17	V8앱솔루트	17	고장나다
18	V10	18	로망
19	삼성	19	저렴하다
20	백화점	20	깔끔한
21	남편	21	괜찮다
22	할인	22	만족하다
23	배터리	23	쉽다
24	코드제로	24	유명하다
25	일본	25	강력하다
26	발뮤다	26	비슷하다
27	거치대	27	싸다
28	성능	28	효율적
29	차이슨	29	불편하다
30	충전	30	득템

출처 | Socialmetrics™, 2016.01.01~2018.08.31

결국 질렀어요ㅜㅜㅋㅋ 정말 너무 비싸서 말도 안 된다고 생각했는데 주변에서 하도 강추하고 남편이 계속 꼬시는 바람에…"

"주부들의 로망인 다이슨 제게도 로망인데요. 진작부터 사고 싶은 맘은 굴뚝같았으나 가격이 만만치 않아 생각만 했는데 어제 아는 집 놀러 갔더니 다이슨이 딱! 제 마음에 다이슨의 불씨가 다시 살아났네요ㅜㅜ"

앞서 인테리어의 주체가 여성이라는 점과 상반된다. 하지만 신혼의 특징, 그리고 남성 고유의 특징을 생각해보면 이해가 되기도 한다. 신혼부부의 상당수가 맞벌이로, 지친 몸으로 퇴근해 식사를 차리고 청소와 빨래를 정기적으로 감당하기 어려운 사람들이다. 그러므로 살림의 분업화는 당연지사. 오랫동안 그리고 여전히 요리가 여성의 영역으로 남았다면 남성은 청소, 쓰레기 배출 등을 담당하게 된다. 청소기는 주체 평등성이 나타나는 가전인 것이다.

또한 여성들은 쇼핑 품목에 대해 디자인이나 착샷 등 대략적인 후기를 남기며 '추천'하지만, 남성들은 전문가에 빙의해 디테일한 '리뷰'를 한다. 감성적으로 전달되는 느낌보다 기능적 속성(스펙)을 이야기한다. 다이슨은 자신이 사용할 제품이기에 구입에 적극적으로 관여하고, 리뷰도 전문적이다. 이처럼 큰 관심을 기울였으니 남자들의 로망템이 된 상황은 꽤 자연스러워 보인다.

다이슨, 거실 인테리어가 되다

다이슨 로망의 속성은 이것뿐이 아니다. 다이슨 청소기는 전용 거치대를 별도로 판매하는데, 이것만 있으면 거실 한 켠을 장식하는 훌륭한 인테리어 오브제가 된다.

실제로 268쪽 도표를 보면 거실의 인테리어 가전을 언급하는 데 '청소기'가 들어와 있다. 청소기라는 지극히 기능적인 아이템에 대해 사람들이 인테리어를 논하기 시작했고, 사용 후 방구석이나 베란다에 보관하던 아이템이 거실 인테리어의 영역으로 들어온 것이다. 으레 유선청소기를 먼저 떠올리던 사람들의 인식을 무선청소기 중심으로 바꾸고, 기능적인 아이템이었던 청소기를 로망템의 영역으로 나오게 만든 다이슨은 이제 가전제품의 영역을 넘어 인테리어 로망템의 영역으로까지 들어왔다.

"다이슨 전용 거치대로 거실 인테리어 했어요^^"
"레테에서 추천받은 다이슨 거치대 받았어요^^ 청소기 거치대의 럭셔리네요ㅋㅋㅋ 정말 고급스러워요 집에서 잘 보이는 곳에 두었어요 인테리어 효과도 있네요 ㅋㅋ"
"#다이슨 #무선청소기 #주부스타그램 #다이슨로망v10 #나도샀다그램 #다이

순거치대"

"쓰던 청소기 고장내고 미안해하길래, 생일도 다가오니 겸사겸사 선
물로 뿅! 먼지 싫어하는 남편을 위한 고오~급 생일선물 (싫다면서 제
일 먼저 박스 뜯고, 사진 찍고 앉아 있네ㅋㅋㅋㅋㅋㅋㅋ"

이런 현상이 계속된다면 어떤 일이 벌어질까? 신혼 남녀 모두의
로망템 다이슨이 국민템으로 진화한다면? 무선청소기는 여전히 거
실 인테리어 로망템으로 남을지 몰라도 다이슨의 V시리즈는 로망
템에서 탈락하게 될 것이다. 제2의 다이슨이 그 자리를 이어받을
것이다. 사람들의 로망(템), 욕망의 대상(품목)은 바람에 흔들리는
갈대와 같기 때문이다.

로망을 포기할 때의 대안

잠시 먹는 것에 대한 이야기를 해보자.

"이번 달은 불필요한 식비 지출을 삼가서 목표 지출 40만 원 이하로
정했다. 하지만 문화생활비는 절대로 삭감하지 않을 것…"
"요즘 식비 줄여보려고 점심은 되도록 구내식당에서 해결하거나 편
의점 도시락으로 때우는데요… 도저히 주말에 친구 만나서 먹는 커피
랑 디저트는 포기 못하겠어요ㅋㅋㅋ"

"스벅에 들러 아메리카노 한잔 사서 출근하는 게 습관인데요. 요즘 너무 많이 질러 이번 달 카드값이 엄청 나와서 당분간 스벅 줄이려고 요ㅋㅋㅋ 대신에 편의점 얼음 커피 사먹는데 이것도 꽤 먹을 만하네요 ㅋ"

일상에는 식비 한계선이 존재한다. 특히 긴축재정 상황에서 가장 먼저 건드리는 항목이 식비다. 하지만 문화생활비는 줄이기 어려워한다. 똑같이 먹는 것이라도 문화생활비로 인식되는 것들은 줄이지 못한다. 삼시세끼 먹는 밥은 식비의 개념이라 필요하면 언제든 줄일 수 있지만, 가끔 즐기는 디저트와 맛집은 문화생활비의 개념으로 인식하기 때문에 줄이지 못한다. 똑같은 커피라도 친구들과 만나서 먹는 커피는 문화생활비이지만 아침마다 들르는 스벅 커피는 일상적인 식비로 인식된다. 이처럼 가장 기본적인 '먹는 것들'에 대해서도 사람들이 부여하는 의미가 제각기 다르다.

사람들은 현실적인 것 혹은 의무적인 것에 대해서는 아예 소비하지 않을 수는 없으니 단가를 낮춰서 저렴하게 소비하는 방법을 찾는 반면, 가끔 지르는 로망이나 특별한 이벤트에는 아낌없이 자원을 쏟아붓는다. 그러나 내가 가진 자원으로는 꿈도 꾸지 못할 로망이라면? 그때는 대리만족할 다른 대안이라도 찾는다.

273쪽 도표를 다시 살펴보자. '다이슨' 연관 키워드 29위에 '차이슨'이 당당히 자리를 차지하고 있다. 이미 알고 있겠지만 '차이슨'은 브랜드가 아니다. 여러 중소 중국 업체들에서 다이슨의 그것을 모방해 만든 핸디/스틱형 무선청소기를 통칭해 부르는 '대륙의 실수' 작이다. 다이슨의 대략 10분의 1 가격에 얼추 비슷한 디자인과 성능을 가지고 있어, 가성비 최고의 무선청소기로 칭송받고 있다.

"이상은 다이슨… 현실은 차이슨ㅜㅜ 청소기의 로망… 다이슨… 너를 갖고 싶었지만… 너의 몸값은 너무도 높디높구나… 눈물을 머금고 현실과 타협할 수밖에 없는 나를 용서해다오ㅜㅜ 나의 현실은… 대륙의 다이슨 디베아 F6 2-in-1 청소천 포함 무선 진공청소기… 먼 훗날 로또 1등이 된 후에 만나자꾸나… 안녕 다이슨~~~~"
"다이슨 썼었는데 조카들이 놀러와 심하게 망가뜨려서… ㅜㅜ 수리비가 많이 나오더라구요ㅜㅜㅜ 그래서 차이슨 직구를 했어요ㅋㅋㅋ 쓰다가 고장 나면 버리자는 맘으로 그냥 별 기대 안 했는데 다이슨이랑 너무 똑같아요 ㅋㅋ 진짜 대륙의 실수인 듯…ㅋㅋ"

차이슨은 다이슨 청소기가 로망인 사람들에게 선택된다. 이들은 로망템 다이슨을 포기한 후 상대적으로 저렴한 LG 코드제로나 삼성 파워건이 아니라 극단의 가격대에 있는 차이슨을 대안으로 선택한다. 반면 청소기 자체가 로망템이 아닌 사람들은 다이슨보다 조금 저렴하면서 성능에서 뒤지지 않는다는(혹은 더 뛰어나다는) 판단 하에 LG나 삼성 청소기를 구입한다.

즉 청소기를 대하는, 구입하는 사람들의 출발점 자체가 다르다.

이런 현상은 청소기뿐 아니라 산업의 전 영역에서 나타난다. 예컨대 패션에서는 차이슨 같은 대안을 '○○맛'으로 표현하기도 한다.

> "스파오에서 파는 그라미치맛 반바지인데 세일해서 12900원이더라
> 구요 제가 찍은 건 약간 빨강처럼 나왔지만 실물은 밑 사진의 색감과
> 가깝네요."
> "유라미치나 무신사 무라미치처럼 바스락거리는 느낌 반바지 없을까
> 요?? 사려고 보니 다 품절이네요 ㅋㅋ"
> "자피드러너 가성비 좋다길래 인터넷으로 걍 질렀는데 사이즈도 성
> 공하고 편하고 만족스럽네요 ㅎㅎㅎㅎ 오늘 날씨도 참 좋네요"

'유라미치'나 '무라미치'가 무엇인지 짐작이 되는가? 미국 브랜드 '그라미치'의 유틸리티 숏팬츠는 출고가 8만 9000원, 유사 디자인과 재질의 SPA 브랜드들의 숏팬츠는 1만~2만 원 대다. 그라미치를 사기 어려우니 유라미치나 무라미치 같은 '그라미치맛' 제품을 찾는다. '자피드러너'는 ZARA에서 출시한 스니커로, 발렌시아가 스피드러너라는 스니커와 유사한데 가격은 10분의 1 수준이다. 이들은 하나같이 모조품이라는 불명예를 얻긴 했지만 모두 품절 사태를 빚었다.

사람들은 로망(템)을 포기할지언정 지르기를 포기하지는 않는다. '대안'을 찾아 여전히 지르고 있다.

로망템이기에 지르는 것이다

로망템과 해당 브랜드/제품의 매출 혹은 시장점유율이 반드시 일치하지는 않는다. 당신의 브랜드/제품이 사람들의 로망템이라면 단기간 매출 증대를 위한 행위는 하지 말 것을 권유한다(특히 가격 프로모션은 지양하자). 국민템이 되는 순간 로망의 범주에서 미끄러질 것이다. 국민템이 됨으로써 기존의 브랜드 가치가 희석되고 여느 브랜드와 다를 게 없어진 사례들을 이미 충분히 보아오지 않았는가. 그보다는 지속적으로 브랜드 고유의 가치를 유지할 수 있는 방법에 대해 고민하자.

로망템이 아니라면, 포기하자

당신의 브랜드나 제품이 로망의 범주에 있지 않다면 로망템의 'Me too' 제품을 출시하거나 유사 포지셔닝을 시도하라고 권하고 싶지는 않다. 당신 말고도 그럴 기업이 많으므로 자칫 진흙탕 싸움에 뛰어들 가능성이 높으며, 설령 훌륭한 대안템으로 인정받아 성과를 낸다 해도 향후 'Me too' 꼬리표를 떼어내는 데 그 이상의 노력과 비용이 들 것이 자명하기 때문이다. 'Me too' 제품이 되느니 '국민템'이 되고자 노력하는 편이 훨씬 현명하다.

진실 수용력

진실을 거부할 사람은 아무도 없다. 하지만 무엇을 진실로 받아들일 것인가의 문제는 개인마다 다르다. 신문과 방송이 진실을 말한다고 생각하지 않는 사람들은 대안으로 팟캐스트를 찾았다. 국정농단 사태에 직면하여 9시 뉴스 앵커의 말을 믿을 수 없었던 사람들은 유튜브 채널에 진실이 있다고 믿었다. "결국 비슷한 취향과 성향을 가진 이들이 한 채널로 모여든다."(본문 100쪽에서 인용) 진실을 말하는 채널이 다양해진다. 받아들일 수 있는 진실의 선택지도 그만큼 많아진다. 하나의 진실에 대해 거짓이라 말하는 사람은 없고, 하나의 진실이 참이라고 생각하는 사람들만 모여 있다. 받아들일 수 없다면 떠나서 받아들일 만한 진실을 찾으면 그만이다.

시대가 빠르게 변하면서 서로 다른 경험을 가진 사람들이 함께 살아가게 되었다. 태어나면서부터 디지털 스크린을 접한 사람의 경험을 그렇지 않은 사람이 흉내 내기는 어렵다. 실제 아빠와는 말도 잘 섞지 않으면서 유튜브의 '아빠 ASMR'을 들으며 위안받는다는 것이 무엇인지 실제 아빠는 상상하기도 어렵다. (아주 특이한 현상이 아니다, 2018년 10월 현재 구글에 '아빠'를 치면 자동완성 추천 검색어 1위가

'아빠 asmr'이다.)

현재 회사의 의사결정자는 아무리 고속 승진을 했다고 해도 밀레니얼 세대이기는 어렵다. 그런 의사결정자들에게 '요새 애들이 이런 걸 좋아한대요', '요즘은 이게 아니고 저거랍니다' 등의 요즘 애들 이야기를 전하면 반응은 3가지로 요약된다. 거부, 인정, 체념.

거부 : 나를 뒷방 늙은이 취급하지 마.

인정 : 열심히 배워보려고 한다, 남들의 게임(즐길거리)이 업무(학습거리)가 된다.

체념 : 인정 후 학습을 너무 하다가 부작용으로 나타난다. 겨우 인스타그램 배웠더니 다음은 유튜브라이브라고.

마지막은 비난이다. '요새 애들 이래서 안 돼', '예전에도 스마트 열풍이 불었는데 몇 년 못 가더라고.'

디지털 경험으로 대표되는 '요즘 애들'의 경험은 과거와 확실히 다르다. 인정하든 거부하든, 진실은 그들이 다르다는 것이다. 요즘 애들을 정확히 이해하지 못할 때 새로운 현상을 과장되게 받아들이거나 과소평가할 수 있다. 마케팅보다 인사 부서의 중요성이 여기서도 부각된다. 요즘 애들의 현상을 이해할 수 있는 사람을 의사결정자로 임명해야 하기 때문이다.

진실은 존재하는 것이 아니라 받아들이는 것이다. 이 책이 받아들일 수 있는 진실의 폭을 넓히는 데 기여하기를 바란다.

2019 트렌드 노트

2018년 10월 27일 초판 1쇄 발행

지은이 김정구·박현영·신수정·염한결·이예은·이효정
펴낸이 권정희
펴낸곳 ㈜북스톤
주소 서울특별시 강남구 언주로108길 21-7, 3층
대표전화 02-6463-7000
팩스 02-6499-1706
이메일 info@book-stone.co.kr
출판등록 2015년 1월 2일 제 2016-000344호
ⓒ 김정구·박현영·신수정·염한결·이예은·이효정
(저작권자와 맺은 특약에 따라 검인을 생략합니다)
ISBN 979-11-87289-45-6 (03320)

북스톤은 세상에 오래 남는 책을 만들고자 합니다. 이에 동참을 원하는 독자 여러분의 아이디어와 원고를 기다리고 있습니다. 책으로 엮기를 원하는 기획이나 원고가 있으신 분은 연락처와 함께 이메일 info@book-stone.co.kr로 보내주세요. 돌에 새기듯, 오래 남는 지혜를 전하는 데 힘쓰겠습니다.